# 実証・仮設住宅

## 東日本大震災の現場から

元岩手県建築住宅課総括課長
大槌町副町長
大水敏弘 著

学芸出版社

# まえがき

東日本大震災[*1]においては、多数の被災者が家を失い、避難所などに一時期身を寄せることとなった。甚大な被害のため避難所は被災者であふれかえり、劣悪な環境から被災者を解放すべく、仮設住宅を早急に提供することが大きな課題となった。避難者の数は最大で45万人を超える一方、震災直後は、通信インフラ、交通インフラ、エネルギー供給とも混乱を極め、まさに先の見えない中で、岩手、宮城、福島の被災3県を中心に仮設住宅の建設が手探りで進められた。

筆者は震災当時、岩手県県土整備部建築住宅課総括課長として着任しており、以来、平成24年3月まで約1年間、仮設住宅の建設を中心とした被災者向けの住宅の確保対策に携わってきた。阪神・淡路大震災を上回る未曾有の災害と言われる状況で、様々な方の助けを借りながら、とにかく一刻も早く被災者の方が安心できる住まいを確保するため、仮設住宅の建設を急いだ。

避難所にいる被災者を住宅に収容する手段として、仮設住宅は極めて重要な役割を果たす。震災後は、仮設住宅の建設がどれだけ進むか、被災者がいつまでに入居することができるかが、被災者にとって、また社会にとって高い関心事となった。仮設住宅建設については、国、県及び市町村がそれぞれ必死になって取り組んだが、震災直後の混乱、次第に明らかになってきた資材の不足、仮設住宅の建設場所となる用地の不足など、様々な壁にぶち当たることとなった。

結果としては、震災から5か月経った8月11日には岩手県内の仮設住宅が完成し、宮城県、福島県を含め年内には仮設住宅の建設が一段落し、ほとんどの避難所が閉鎖される運びとなった。

＊1　平成23年3月11日午後に発生した東北地方太平洋沖地震、それに伴って発生した津波及び原子力発電所の事故による災害をいう。

仮設であるがゆえ、住まいとして決して十分満足できるものではないが、それでも避難所閉鎖の報には、建設に取り組んできた職員や関係者一同、胸をなでおろしたものであった。

その一方で、仮設住宅の建設を進めていくにつれ明らかになってきた課題も多く、反省しなければならない点は多々ある。日本は豊かな自然に恵まれている一方で、災害とは切っても切れない関係で暮らしていかなければならない国である。今後も起こりうるであろう大震災に対して、ますますしっかりとした備えをしていかなければならないことは言うまでもない。

本書は、東日本大震災における仮設住宅の建設状況を振り返りながら、大規模な災害時における仮設住宅建設をめぐる課題を洗い出し、今後も行われるであろう仮設住宅建設のあり方を考察していこうとするものである。また、いわゆる「みなし仮設」の課題についても考察する。

まずは序章において、仮設住宅とはどのようなものであるか理解を深めてもらうこととしたい。1章及び2章においては、岩手県を中心に実際にどのように仮設住宅の建設が進んでいったか、建設の実情をお示しすることとしたい。そして、3章及び4章では、仮設住宅建設を進めていく中で明らかになってきた課題や今後取り組んでいくべきことなどを述べていきたい。序章は少し固い内容なので、一般の方は第1章から読み始めてもよいかと思う。

本書は、建築や防災関係に携わっている方のみならず、広く一般の方に仮設住宅のことを知っていただくことを目的としている。多くの方に読まれることにより、仮設住宅や震災対応についての理解が進むとともに、関心が薄れつつある被災地に改めて目を向けていただき、被災地の復興と防災の取組の進展につながるものとなれば幸いである。

なお、本書中の意見にわたる部分は筆者の個人的見解であることをお断りしておく。

もくじ

## 3章 東日本大震災における仮設住宅の達成点と問題点

# 序章 仮設住宅とは

仮設住宅は、正式には「応急仮設住宅」という。災害救助法という法律に基づき、被災者に対して供与するものとされている。災害救助法は、災害に際して応急的に必要な救助を行い、被災者の保護と社会の秩序の保全を図ることを目的としている。応急仮設住宅の位置づけは、食品の供与、救出、医療、埋葬等と同列であり、非常時に緊急的に提供されるものという色彩が強い。

応急仮設住宅には大きく分けて、新たに建設することによって提供される住宅と、民間の賃貸住宅等の借上げによって被災者に提供される住宅の2種類がある。以降、建設によるものを「仮設住宅」、民間賃貸住宅の借上げによるものを「みなし仮設」、両者を含めた全体を「応急仮設住宅」と記すことにする。

## ☑応急仮設住宅の所管はこれまで厚生労働省だった

応急仮設住宅は、災害救助法に位置づけられているものであり、その所管はこれまで厚生労働省であった。一般的には、国土交通省が所管しているものと思われがちであるが、無理もない。東日本大震災において仮設住宅の建設状況を公表していたのは国土交通省住宅局。震災後5月末までに3万戸完成という目標を立てたのは大畠国土交通大臣（当時）。仮設住宅の建設については、国土交通省が前面に出て、厚生労働省が表に出ることはほとんどなかった。では、所管が厚生労働省であったのに、なぜ国土交通省が前面に出たのか。

これは、仮設住宅の特性によるものと言えるだろう。仮設住宅は短期間に大量の住宅を供給しなければならない。この大量供給のノウハウはプレハブ建築メーカーに蓄積されている。したがって、住宅の大量供給を迅速に行うためには、住宅業界を所管する国土交通省が指揮を執ったほうが、速やかに事が進むということになるのだ。また、実際に仮設住宅の発注をする都道府県においても、仮設住宅建設工事の進捗管理や住宅の仕様の決定などは、日ごろから建築工事の発注や住宅政策を担っている建築・住宅部局が行うこととなる。

ただし、災害救助法の所管は厚生労働省であり、法律に基づく運用を行うのは厚生労働省。そして、仮設住宅建設のための予算措置や、仮設住宅の標準面積など建設のための基本的な基準づくりを行っているのは厚生労働省なのであった。なお、この点については、平成25年の災害救助法の改正により、所管が厚生労働省から内閣府に移管されることになった。

## ☑仮設住宅の基本的な基準

仮設住宅の設置者は、他の救助と同様、災害救助法において都道府県とされている。ただし、都道府県の判断でこれを市町村に委任して行わせることもできる。また、仮設住宅の設置に代えて、民間賃貸住宅の居室の借上げを実施し、これらに収容することができることとされている。

これを「みなし仮設」と呼んでいるが、詳細については後述する。

仮設住宅の基準は厚生労働省の告示で以下のように定められている。

①住家が全壊、全焼又は流失し、居住する住家がない者であって、自らの資力では住家を得ることができないものを収容するものであること

②1戸当たりの規模は、29・7㎡を標準とし、その設置のため支出できる費用は、240万1千円以内とすること（平成24年度災害救助基準）

③災害発生の日から20日以内に着工し、速やかに設置しなければならないこと

④供与できる期間は、完成の日から建築基準法第85条第3項又は第4項に規定する期限までとすること

これらの基準に合致した仮設住宅については、災害救助法の国庫負担の対象となり、建設に要した費用のうち、災害の度合いや被災都道府県の財政力に応じて5割から9割が国庫負担となる。なお、東日本大震災においては都道府県負担分についても特別交付税措置がとられたので、実質的に全額が国庫負担となった。

## 1 仮設住宅に入居できる対象は

①は、入居者の基準となるものである。要件は2つで、居住する住家がないこと、自らの資力では住家を得ることができないこと、である。ただし、これらの要件については柔軟な取扱いがなされており、「全壊」については、被害の程度が全壊まで達していないとしても、2次災害の危険などにより取り壊さざるを得ない住家などは全壊と同様の扱いとされる。東日本大震災においては、住家について直接被

仮設住宅の外観・内観

害がなくても、市町村長の避難指示等を受けた場合など長期にわたり住家に居住できない場合には、全壊等により居住する住家を喪失した場合と同等とされた。また、「自らの資力では住家を得ることができないもの」とされているが、災害による混乱時には十分な審査が困難であり、阪神・淡路大震災のような大規模災害の際には厳格な運用を行わずともやむを得ないものとされている。

## ２ 仮設住宅の面積や費用は

②は面積及び費用に関する基準である。面積29・7㎡は、坪数でいうと9坪となる。4・5畳の部屋4つ分と考えれば、分かりやすいだろう。標準的な間取りは図0・1に示すとおりであり、4・5畳の部屋が2つ、そして台所に浴室、トイレが付く、いわゆる2DKとなっている。

実際の仮設住宅は2DKのほかに、単身者向けの1DK（6坪）、多人数家族向けの3K（12坪）なども用意される。また一戸建て又は共同住宅形式のもの、共同生活の可能なものなど、多様なタイプのものを供与して差し支えないものとされている。

設置費用は標準で240万円程度となっているが、東日本大震災では、寒冷地仕様で断熱性を確保したほか、敷地の造成や浄化槽等の設置費用などもかさみ、トータルでは戸当たり6百万円以上の費用がか

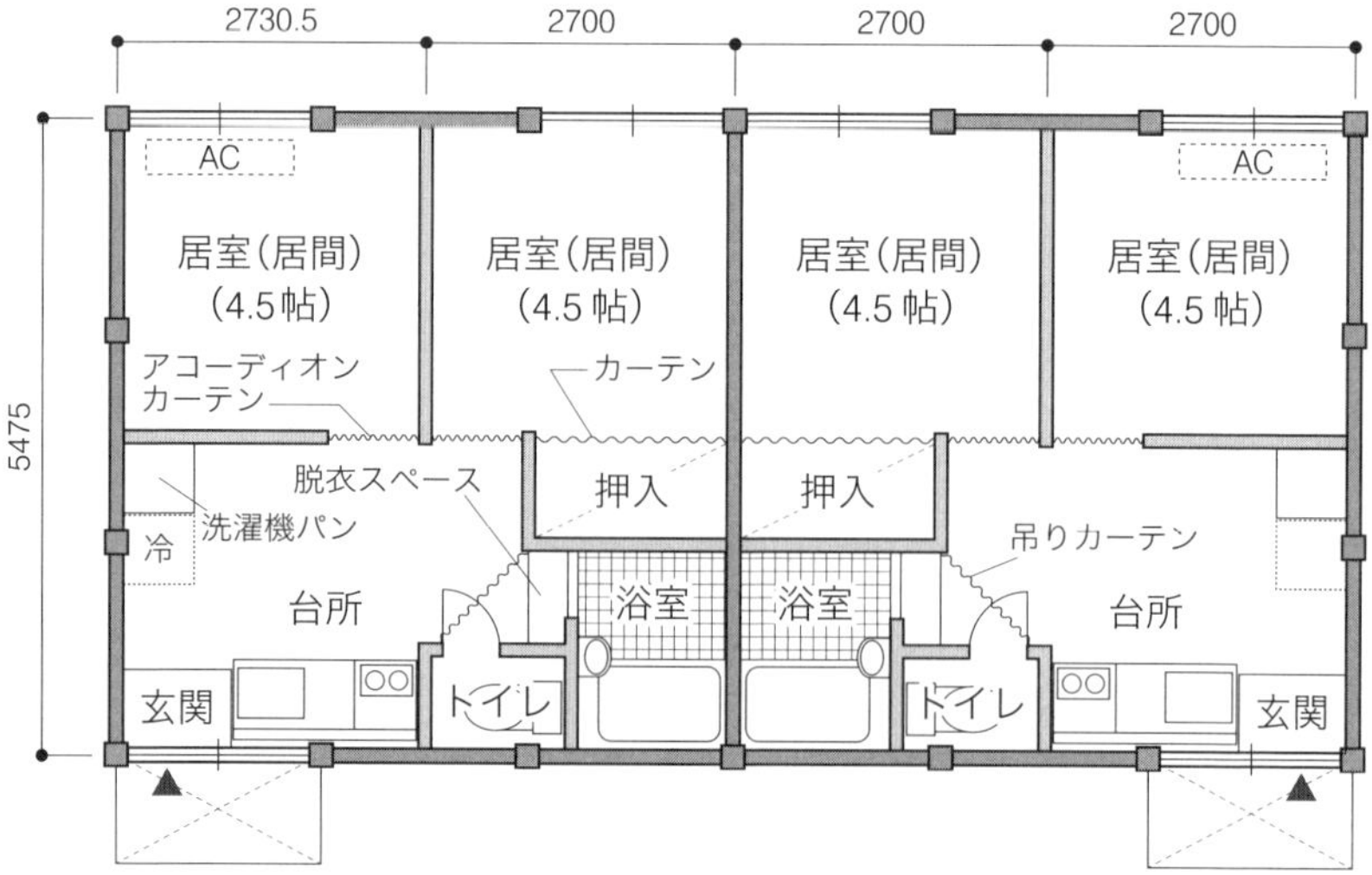


図0･1　仮設住宅の標準的な間取り（出典：プレハブ建築協会ホームページ）

かることとなった（会計検査院の報告書[*1]によると総費用は戸当たり約628万円となっており、最終的な設置費用はさらに膨らむとしている）。

## ③仮設住宅の標準的な造り

仮設住宅の標準的な造りについては、これまで仮設住宅の建設を担ってきた社団法人プレハブ建築協会において、標準仕様書が定められている。このうち、組立ハウスの場合の仕様書を巻末（233ページ）に資料として掲載しているので参考としていただきたい[*2]。

仮設住宅の構造は、軽量鉄骨によるものが多く、基礎は一般的には木杭が使われる。鉄骨の柱の間に壁パネルを落とし込むなど短期間で施工できるような設計になっている。

工程については、まず事前準備として配置設計が行われる。また、仮設住宅の本体工事に入る前に造成工事を行う場合もある。現地では最初に測量を行って建設位置を決め、杭工事の後、土台の敷き込みや本体の鉄骨、床パネル、外壁、屋根等の本体工事に着工する。本体工事が進んできたら今度は間仕切りや押入等の造作工事を行い、最後に内装・仕上げ工事や流し台設置等の雑工事を行う。このほか給排水工事、電気設備、ガス設備工事そして外構工事も並行して進めていく。平坦な敷地であれば標準的な工期は3週間程度とされている[*3]。

居室には、入居者の生活利便に対応し、テレビ端子やコンセント、掛物用の付け鴨居が設置される。また、コンロ前に防火用の板、居室に火災警報器、台所にはガス漏れ警報器用のコンセントが設置されるなどの防火対策がとられており、高齢者等の使用に配慮し、出入口やトイレ、浴室には手すりを設置するものとしている。

このほか、仮設住宅を建設する地域の状況や入居者の特性に応じて、スロープ設置などのバリ

＊1　会計検査院『東日本大震災等の被災者を救助するために設置するなどした応急仮設住宅の供与等の状況について』2012年10月

＊2　なお、組立ハウスというのは住宅の建設の仕方のことで、住宅の柱や壁など各部材を現場で組み立てる工法で建てるものを組立ハウスといい、このほかに、先に工場である程度組み立てた箱型構造のユニットを設置するユニットハウスがある。

＊3　巻末資料232ページに標準的な工程表を掲載しているので参照されたい。

資材の搬入

木杭が打たれたところ

ユニットバスの搬入

間仕切り壁の設置

床、照明、カーテン等を設置して、完成

アフリー対策、断熱材強化等の暑さ・寒さ対策、構造強化等の積雪対策、外灯増設等の防火・防犯対策など、特別仕様が用意されている。

### 4 着工は原則20日以内

③の着工期間については、災害発生から20日以内とされており、災害救助法の事務処理要領においては、20日以内に着工困難なときは厚生労働大臣に協議して延長することを原則とする、とされている。しかしながら、東日本大震災において震災20日後といえば3月31日。その頃は、まだガソリンすら被災地に届いていないような混乱期であった。現実問題として大規模災害において20日以内の着工はどう考えても不可能である。厚生労働省からは、東日本大震災においては、この期間を超えてもできるだけ早期に着工するのであれば差し支えないとの通知が出された。

### 5 供与期間は原則2年3か月以内

④は供与期間に関する定めである。仮設住宅を建てる際には、建築基準法による建築確認は不要とされているが、その代わりに建築3か月後までに設置の許可を受けることとされており、その際の設置期限は許可後2年間までとされている。つまり、設置後から数えれば最大2年3か月までとなる。仮設住宅の供与は、この建築基準法の設置期限にならうものとされている。

ただし、この設置期限については、著しく異常かつ激甚な非常災害として指定された「特定非常災害」においては、2年3か月を経過した以降も設置期限を延長更新することができる。これまで阪神・淡路大震災、中越地震の2例が特定非常災害

ユニットハウスの場合、クレーンで仮設住宅のユニットを設置していく

として指定を受けている。

仮設住宅の入居期間は2年以内ということが、東日本大震災当時の報道ではことさら取り上げられた。しかしながら、これも現実問題として、被災者にとって次の行き先がなければ、供与期間を終えることは不可能である。東日本大震災においても、建築基準法の特例が適用されることにより、2年3か月を経過した後も、さらに1年ごとに許可を更新することができるものとされた。これにより、仮設住宅の設置期限も1年ごとに延長が可能なものとなっている。

### ⑥建設地は公有地が原則

このほか、仮設住宅の建設用地は公有地を原則としている。公有地でない場合であっても、無償提供される土地を予定しており、仮設住宅の設置のため支出できる費用に土地借料は想定されていない。阪神・淡路大震災では、一部民有地における仮設住宅建設が行われたが、原則として公租公課等の土地所有に伴う義務的経費の免除によって対応され、土地の借料が国庫から支出されることはなかった。この点については、東日本大震災では特例が認められるようになったのだが、これについては後で詳しく触れることとしたい。

入居者の賃料については、無償で提供されるのが通例とされる。ただし、各住戸の光熱水費は入居者の負担となり、個人が負担すべき仮設住宅の維持及び管理に必要な経費や入居者の自治会等が徴収する共益費等についても入居者負担となる。

※

これらのことが、災害救助法やそれに基づいて厚生労働省が発出している告示及び事務処理要領に定められている。しかしながら、着工を20日以内としていることなど、大規模な災害ではとてもこの基準どおりに対応することは困難な点もある。実際の災害において、基準により難い場合には、厚生労働省と協議を行うこととなる。

## ☑仮設住宅の建設態勢

仮設住宅の建設は、短期間に大量の住宅の建設を行わなければならないことから、工場で資材をあらかじめ加工し、現場では組み立てるだけのプレハブ形式で主に供給が行われる。プレハブ形式の建築生産を行う事業者で組織する社団法人プレハブ建築協会（以下「プレ協」と略すことにする）という法人があり、各都道府県においてプレ協と災害時協定を締結している。

この災害時協定は、阪神・淡路大震災以降普及したもので、今では全都道府県がプレ協と協定の締結を行っている。

被災後は、この災害時協定に基づき、各都道府県がプレ協に仮設住宅の建設を要請する。さらに、個別の団地については、県あるいは県の依頼を受けた市町村が仮設住宅建設のための敷地を確保する一方、プレ協が会員企業等を都道府県にあっせんし、発注を受けた会員企業が各団地における建設工事を実施することとなる（図0・2）。各都道府県は完成後に検査を行い、仮設住宅のリース契約又は買取り契約を締結する。

通常時、都道府県の発注する建設工事は請負契約であり、あらかじめ作成された

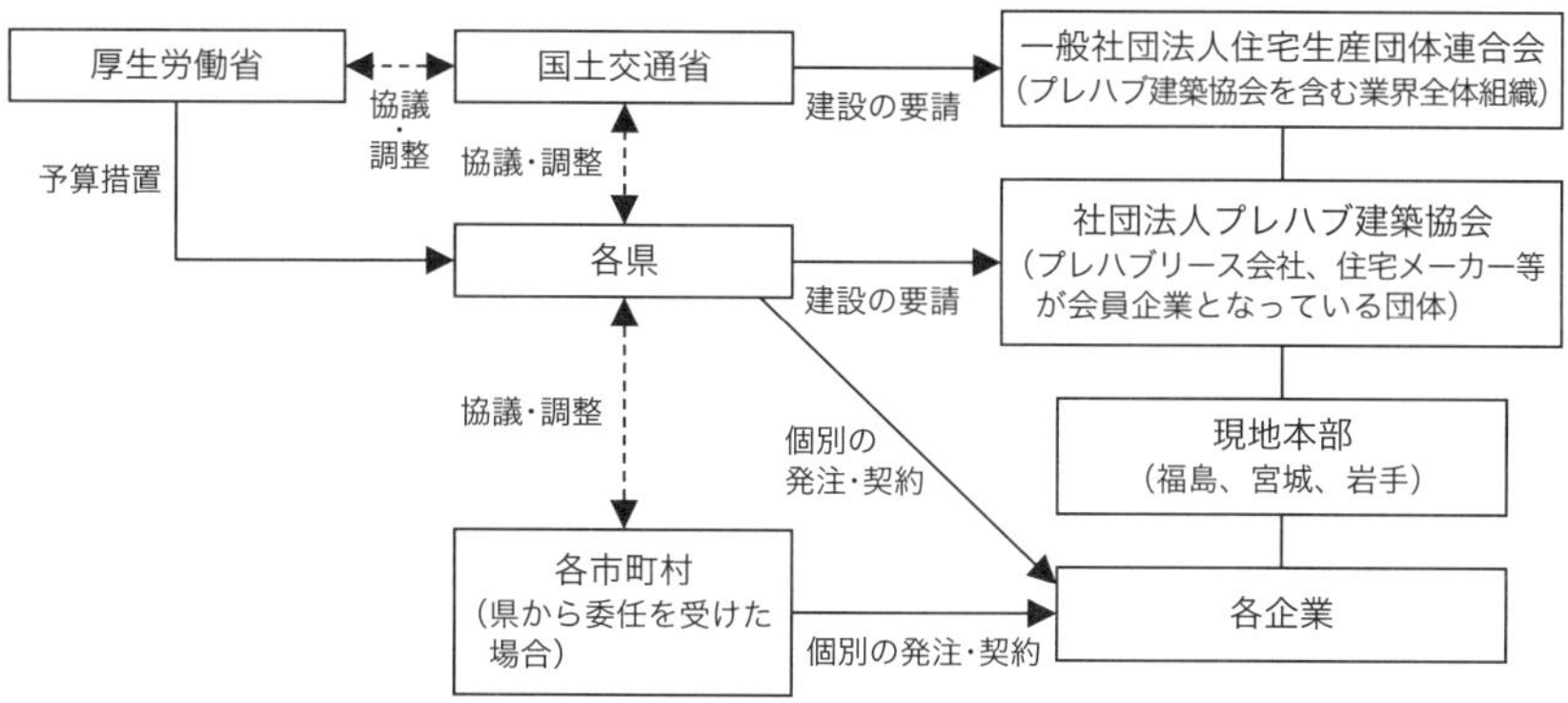


図0・2　東日本大震災における仮設住宅の建設の流れ

設計書に基づき入札公告が行われ、入札結果に基づき落札者が工事を請け負う。工事前に契約を締結し、様々な取り決めがなされる。これに対し、仮設住宅では、建設後にリース契約又は買取り契約を締結するという点で、通常時の方法とは大きく異なる。細かな取り決めをするよりも、一刻も早く建設することが優先されるので、工事の実施は基本的に民間の企業に委ねられ、都道府県は、民間の建てた建物をリースしたり買い取るという構図となっている。

## ☑仮設住宅の歴史

仮設住宅のこれまでの変遷については、牧紀男氏（現京都大学防災研究所准教授）がまとめられた著書[*4]や論文「自然災害後の『応急居住空間』の変遷とその整備手法に関する研究」（1997年）において詳しく記されている。ここでは、その概要を紹介することにしたい。

仮設住宅の歴史は、戦前に遡る。それまで江戸時代には大火や大地震で被災した人のために幕府や藩などが救済施設として「お救い小屋」を建てており、また、大正12年の関東大震災の直後に東京市などが公設バラックを設置しているが、居住レベルでは現在で言う避難所に近い。その後東京市はバラックの住民を移転させるため仮住居を建設し、さらに住宅供給を行うための財団法人として設立された同潤会が、東京市の仮住宅供給を引き継いで仮住宅事業を行うこととなった。これが応急仮設住宅供給の最初の事例として位置づけられる。東京市による仮住宅は1300棟、同潤会による仮住宅は2158戸に上ったと記録されている。同潤会仮住宅は計7か所に建設され、間取りは8畳＋便所＋土間＋ミセ（7・5坪）のタイプとミセのない5・5坪の2タイ

＊4　牧紀男『災害の住宅誌』鹿島出版会、2011年

プであった。

同潤会仮住宅では家賃は有料である一方、光熱費、くみ取り費は無料であった。家賃は東京市内と市外で区別があり、普通住宅（市内7円、市外5円）、店舗付（市内12円、市外10円）であった。また、住宅地には託児所・授産所・仮設浴場・診療所も付設された。授産所というのは、住宅居住者向けの作業施設で、主として手工による簡易な加工などの業務が行われていた。各授産所には教師や助手が配置され労働者の指導に当たった。

同潤会仮住宅の事業で特筆すべきは福利厚生施設が同時に計画されていたことである。同潤会仮住宅事業では託児所、授産所、浴場といった施設経営に加えて、老病者の救護、保健婦の巡回、職業紹介、融資といったソフト面での居住者のサポートも行われていた。仮浴場は付近に浴場のない仮住宅地に建設され、経営は民間に委託された。

仮設住宅の最初の事例である「同潤会仮住宅」は、建物としてはバラックとほとんど変わりのない低質なものであったが、託児所・授産所といった福利厚生施設も同時に設置され、居住者のソフト面でのサポートも行われていた。「同潤会仮住宅」は、居住者の立場に立った住宅として計画されていた。

その後、昭和18年の鳥取地震において仮設住宅が建設され、さらに第2次世界大戦後は戦災対策として昭和20年に戦災越冬住宅が全国に建設される。鳥取地震後に建てられたものが「いわゆる厚生省型の応急仮設住宅」の最も古い事例とされる。[*5] このときの住宅の規模は6・25坪であった。さらに、鳥取市大火（昭和27年）、新潟市大火（同30年）、伊勢湾台風（同34年）といった災害においてそれぞれ仮設住宅の供給がなされてきた。この頃までは、戦災バラックが多く残って

＊5　牧紀男『災害の住宅誌』鹿島出版会、２０１１年

いたことから建設には消極的であり、仮設住宅は被災者が長く居つかないように河川敷等不便な場所に建設されていた。

その後、昭和39年の新潟地震以降になると、建物の工業化に伴い、プレハブ住宅が利用されるようになる。昭和51年の酒田市大火では、仮設住宅は被災者世帯数の3分の1に当たる3百戸が建設され、被災者の要望に沿って被災地に近い場所に設置された。また、昭和58年の日本海中部地震後の秋田県では、各自の敷地に建設することが認められた事例がある。

そして、平成3年の雲仙普賢岳の噴火災害においては、仮設住宅は入居希望者全員に供給されるようになる。雲仙普賢岳の噴火災害で警戒区域が設定され、その地域に住宅のある人に避難勧告が出され、住宅の被害にかかわらず公権力により当面住むための住宅を失ったという理由で入居希望者全員に仮設住宅が供給された。

その後、平成5年の鹿児島風水害後に設置された町単独事業による仮設住宅では、入居希望者全員に供給されることはなかったが、平成7年の阪神・淡路大震災では入居希望者全員に仮設住宅が供給され、住宅を失った入居希望者全員に仮設住宅を供給するという考え方が決定的なものとなり、現在に至っている。

※

それでは、今回の東日本大震災の発災以降における、実際の仮設住宅建設対応について、以下に振り返ってみることとしたい。

# 1 章

# 被災直後から仮設住宅建設初期の対応まで

## ——現場から

# 1 震災直後の混乱の中で

## ☑仮設住宅の着工準備へ

平成23年3月11日午後2時46分頃、巨大な地震が東北を襲った。筆者は当時、岩手県の建築住宅課総括課長として岩手県に勤務しており、発災時は県庁の議会棟にいたが、大きな縦揺れ、そして横揺れが計3分程度継続し、只事ではない出来事が起こったことを察知した。岩手県内は全域で停電したが、県庁は幸いにして非常用電源があり、直後から、テレビで全国の被災状況を把握することができた。しかしながら、電話回線は固定、携帯ともパンクし、各出先機関からの被災情報は、ほとんど入手できない状況であった。

メールを送ってみることなどで、各出先機関からの情報収集に向けて作業を始めつつあった矢先、テレビでは釜石市などの大津波の映像をリアルタイムで映し出した。かつて沿岸部を襲った大津波のことを話には聞いていたが、あまりの凄まじい光景を見てあっけにとられながら、臨戦態勢になることの覚悟をしつつあった。

震災直後は、非常用電源もギリギリの状態であった。岩手県庁では、日中は照明なしで、パソコンの起動を最小限にするなどの対応に迫られた。緊急態勢で、職員全員が泊りがけであったが、入ってくる情報が乏しく、焦りがつのるばかりの状況であった。

県庁には、数多くの自衛隊員が駆けつけ、物々しい雰囲気に包まれた。災害本部からは、3月12日21時時点で県内の避難者数約4万5千人という情報が寄せられた。また、内陸部を含めた地震による直接の被害より、大津波による被害が圧倒的であることを把握しつつあった。

今回の被災は岩手だけでなく、宮城、福島などにも及んでいる。阪神・淡路大震災クラスか、それ以上の規模で仮設住宅が必要になることは明らかであった。しかしながら、震災直後は情報伝達手段が全くといっていいほどなく、テレビで映し出される被災地の壊滅的な状況をもとに、間違いなく必要になるであろう仮設住宅建設の検討を手探りで進めていくよりなかった。

岩手県が仮設住宅の建設に挑むのは、これが初めてというわけではない。2年前の岩手・宮城内陸地震においては、奥州市内に仮設住宅を8戸建設したところであった。たったの8戸、されども8戸である。このときの経験をベースに、まずは建設の引き受け手となる社団法人プレハブ建築協会と連絡をとり、建設に向けた準備の指示を行うこととした。

被災した知的障がい者施設（山田町）

陸前高田市の雇用促進住宅

## ☑岩手県では役に立たなかった「建設可能地リスト」

震災後は、あまりの被災規模の大きさに途方に暮れたが、岩手県でも全く事前の準備がなかったわけではない。市町村からは、震災時に仮設住宅の建設を行うことを想定した「応急仮設住宅建設リスト」の提供を受けていた。これは、例えばある市町村では○○小学校の校庭が利用でき、敷地規模は○○㎡で、想定住戸数○○戸程度、といった内容が記載されたもので、岩手県の市町村においては防災部局又は福祉部局が作成に当たっていた。

今回の震災後、まず行ったのは、この県庁内に保管されていたリストを取り寄せて、建設可能かどうか、○×をつけてみることだった。しかし、リストを見て、がっかりせざるを得なかった。真面目にリスト化をしたと思われる市町村でも候補地は十数か所。しかも、住所を見ると、そのうちの半数程度は浸水で被災したと思われる市街地内に位置し、建てることは困難と思われる場所だった。市町村によっては、数か所しかリストアップしていないもの、なかには「市内の児童公園や各公民館を建設候補地とする」と定性的にしか書いていないものまであった。

○×チェックをとりあえずはしてみたものの、これでは到底建設候補地は足らず、ゼロベースで建設候補地を探していかなければならない、ということだけがはっきりしたのである。

焦土と化した大槌町の市街地

浸水したままの陸前高田市の市街地

## ☑とても役に立った「阪神・淡路大震災の記録資料」

一方で、国土交通省からは、震災翌日の12日及び14日に、阪神・淡路大震災当時の記録を記した資料がＦＡＸで送られてきた。「甦るまち・住まい―阪神・淡路大震災からの震災復旧・復興のあゆみ」「阪神・淡路大震災に係る応急仮設住宅の記録」という資料で、兵庫県が震災対応後に当時の取組を記録したものである。

これによると、阪神・淡路大震災では、仮設住宅の建設開始はなんと震災３日後のことであった（表１・１）。また、県で総合住宅相談所を設置したのは10日後、仮設住宅の第１弾が完成したのは14日後。極めて早い初動対応であったことが分かる。

まずは、阪神・大震災にならい、とにかく初動を急ぐこととした。阪神・淡路大震災の着工日であった震災３日後はあっという間に過ぎて行ったが、なんとか１週間後を目途に建設着工に至らせることを当面の目標に据えたのである。

## ☑プレハブ建築協会への建設要請

震災３日後の３月14日には、プレ協の担当業者と初の打ち合わせ

表 1･1　阪神・淡路大震災の際の兵庫県における仮設住宅建設に関する取組

| 年月日 | 項　目 |
|---|---|
| 平成 7 年 1 月 17 日 | 地震発生、災害対策本部設置 |
| 1 月 19 日 | 2,961 戸の第 1 次発注 |
| 1 月 20 日 | 仮設住宅の建設着手 |
| 1 月 22 日 | 避難者ヒアリングの実施（約 1,600 名）<br>調査結果から避難者総数約 10 万世帯、うち住宅必要戸数約 6 万戸と想定 |
| 1 月 27 日 | 兵庫県総合住宅相談所の開設 |
| 1 月 31 日 | 仮設住宅早期発注 4 団地 31 戸が完成<br>仮設住宅の必要戸数を当面 3 万戸とする<br>「原則として、家をなくし入居を希望する者全員に仮設住宅を提供する方針」を発表 |
| 2 月　9 日 | 第 4 次発注を行い、当面の目標である 3 万戸の発注を達成<br>知事から総理大臣に追加要請、合計 4 万戸に計画変更 |
| 3 月　3 日 | 輸入仮設住宅供給企業の決定 |
| 3 月 31 日 | 仮設住宅 3 万戸完成 |
| 5 月 22 日 | 国から 8,300 戸の追加要請について了解が得られ、計 48,300 戸に計画変更 |
| 8 月 11 日 | 仮設住宅 48,300 戸完成 |

（出典：兵庫県『甦るまち・住まい―阪神・淡路大震災からの震災復旧・復興のあゆみ』1997 年 3 月、及び兵庫県『阪神・淡路大震災に係る応急仮設住宅の記録』2000 年 3 月をもとに作成）

を行った。まだこの時点では東京からの指令部隊は着任できず、盛岡現地の会員企業に実務上の幹事を担ってもらうこととして、県からプレ協への指示を行ったのである。県からは、プレ協に対して早急な建設を要請するとともに、物流の確保や地元の下請け企業も含めた建設態勢づくりについて協議を行った。

当時は、高速道路は通行が限定され、ガソリンの供給も緊急車両のみとされていた。防災部局と協議し、住宅資材を運ぶ車両については緊急車両と同様な扱いとするなどの調整を行うこととした。

一方、国においては、プレ協を含む住宅業界全体の組織である一般社団法人住宅生産団体連合会に対して、おおむね2か月で少なくとも約3万戸を供給できるよう国土交通大臣からの要請が行われた。

このベースとなったのが、各県から国土交通省への当面必要となる戸数の連絡なのだが、震災直後でどれだけの戸数が必要になるか、検討をつけることは極めて難しかった。

そもそも避難者数の全容すら大雑把にしか把握できていない時点である。避難者数は把握できた市町村の数字をもとに、把握できていない市町村の数字を推計し、岩手県内における避難世帯が約1万7千世帯程度、そのうち約5割程度が仮設住宅を必要とするものと仮定して、当面の必要戸数8800戸という数字をはじき出した。

同様に震災当初、宮城県は約1万戸、福島県は約1万4千戸という数字をはじき出していた。被災3県では合わせて約3万3千戸ということになる。これに基づき、国土交通省は仮設住宅の建設戸数を「少なくとも約3万戸」としたのである。

岩手県からは3月14日付で、８８００戸を建設要請を文書でプレ協に対して行った。この数字は結果として少ない方に外れたのだが、それはそれでよかったと思っている。このことについては後ほど詳しく述べることにしよう。

## ☑第1弾着工

震災後の混乱。被災地に仮設住宅を建てなければならない必要性だけは分かるのだが、いったいどこに、どれだけ建てられるというのか。沿岸被災地の情報はほとんどといっていいほど入って来ない。もう待っているわけにはいかない。3月16日には、釜石市と陸前高田市に、車両をなんとか工面して、それぞれ現地調査のための部隊が足を運んだ。

一方で、国土交通省からは、被災地の仮設住宅第1弾の建設地を早く決めてくれとの催促の連絡がやってきた。プレ協と調整した結果、数日後に数十戸程度の着工はできるとのことであった。

仮設住宅の着工は、震災後、途方に暮れる被災者にとっての大きな希望の光である。何としてもいち早く着工にこぎ着けなければならない。帰ってきた部隊からは、釜石市、陸前高田市とも、第1弾着工に向けて、用地の手配を早急に整えてくれるとの情報が入った。どちらも、市役所自体が被災していたが、仮設住宅の早期着工に向け必死であった。

特に、陸前高田市は市役所が完全に被災し、高台の給食センターに仮の市役所機能を設けて、被災者の状況把握や支援物資輸送等の対応に当たっていた。そんな大混乱の中で、仮設住宅の建設用地の調整にも当たってもらっていたわけである。

建設用地確定の一報は陸前高田市の方から、一歩先に入った。場所は被災した市街地のすぐ隣の高台にある第一中学校。現場に行った部隊によると、マスコミの一大拠点にもなっているとのことであった。

一歩低地に下りれば、周囲はまだガレキの山。震災後1週間で、沿岸被災地では、ようやく電気が開通した頃で、水道の復旧の見込みはたっていない。行方不明者の捜索もまだまだこれから。そんな状況の中で、中学校の校庭の一角を空けてもらい、震災後の全国第1弾、陸前高田市第一中学校での仮設住宅建設がついに始まったのである。

## ☑着工は被災規模の大きい市町村から

第1弾が陸前高田市になったのは、偶然の巡り合わせでもあったが、一方でねらいもあった。岩手県内における被災規模は、県北より県南方面の方が甚大であった（図1・1）。その中でも釜石市や陸前高田市は特に被災規模が大きい。陸前高田市に至っては、中心市街地がほぼ全滅しているという情報が入ってきていた。しかし、そんな壊滅的な被害の市町村でこそ、第1弾着工を行うべきと考えたのである。

表1・2は3月14日時点の岩手県沿岸12市町村の避難者数の速報値である。北から順に並べているが、宮古市から南と、岩泉町から北では、

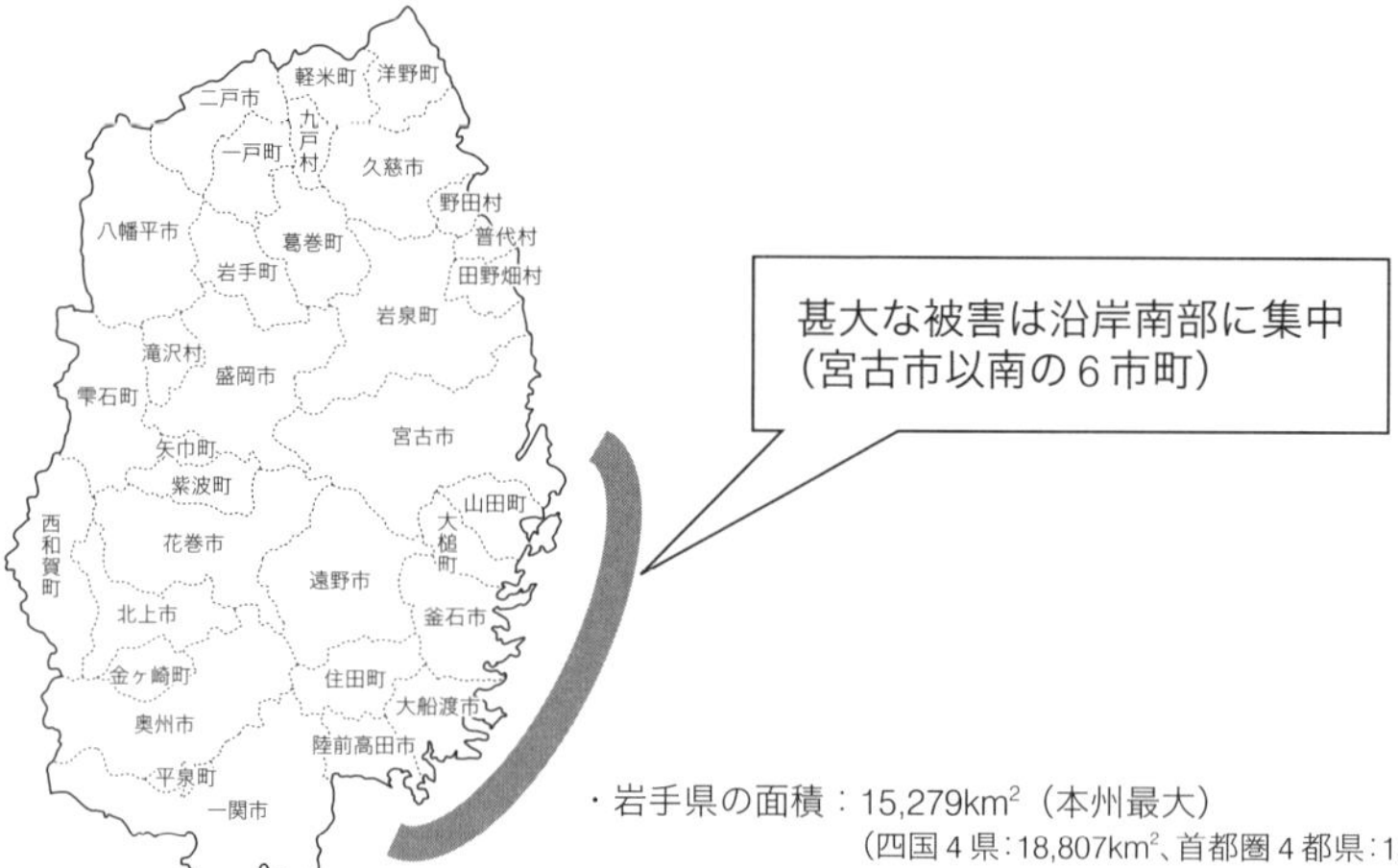


・岩手県の面積：15,279km²（本州最大）
（四国4県：18,807km²、首都圏4都県：13,559km²）
・宮古市～盛岡市間で約100km
・釜石市～遠野市間で約40km

図1･1　岩手県内の地図

被災規模が一桁違うということがお分かりいただけるかと思う。

仮設住宅の建設は、被災規模が大きいほど当然時間がかかる。被災規模が小さい市町村では、被災地の混乱も比較的少なく、避難所が落ち着けば、仮設住宅の建設にしっかりとマンパワーを投じることができる。一方で、被災規模の大きい市町村では、役所・役場がそもそも被災するなど、混乱を極めており、仮設住宅建設に注げるマンパワーも限定的なものとならざるを得ない。県は、被災市町村の支えとならなければならず、特に甚大な被害を受けた市町村において、その役割は大きい。市町村によって被災規模が違う場合、被災規模のより大きい市町村には、より支えが必要となるのである。それは、仮設住宅建設のみならず、様々な復旧・復興支援に共通することだろう。

こうした観点から、着工第1弾は、被災規模の大きかった県南部に候補を絞って、市町村と連絡を取り合った。第2弾以降もしばらくは県南の市町村における着工を優先した。結果として、着工が後回しになった岩泉町以北の市町村では第1弾の着工が4月上旬となるところもあったが、それでも建設完了は5月中であった。一方で、宮古市以南の建設完了は8月上旬まで待たなければならなかった。岩泉以北の市町村関係者からは、当時建設着工を焦る声があったが、県南優先の姿勢は間違っていなかったと思っている。

## ☑ 一躍知れ渡った「陸前高田」

震災で家を失い避難所暮らしとなった被災者の方々の最大の関心事は、仮設住宅にいつ入る

表1・2　岩手県内（沿岸部）における各市町村の避難者数（平成23年3月14日速報値）

| 沿岸北部（北から順） | | 沿岸南部（北から順） | |
|---|---|---|---|
| 市町村名 | 避難者数 | 市町村名 | 避難者数 |
| 洋野町 | 19 | 宮古市 | 8,836 |
| 久慈市 | 305 | 山田町 | 5,989 |
| 野田村 | 712 | 大槌町 | 5,144 |
| 普代村 | 71 | 釜石市 | 8,630 |
| 田野畑村 | 601 | 大船渡市 | 8,437 |
| 岩泉町 | 340 | 陸前高田市 | 9,252 |

（岩手県調べ）

ことができるかである。仮設住宅建設の報は、被災地に希望の光を当てる、大きなメッセージとなる。また、第1弾の社会的なインパクトは大きい。

仮設住宅建設第1弾の報は、どの報道機関にも大々的に取り上げられた。それとともに広まったのが、陸前高田市の名である。民間シンクタンクが震災後の7月に、全国の市区町村について見聞きしたことがある「情報接触度」を調査したところ、陸前高田市は前年の730位から3位にジャンプアップしたとのことであった。845位から5位にジャンプアップした南三陸町とともに、震災前後で比較して最も認知度が上がった市町村ということになろう。

被害の規模の甚大さだけではない。奇跡の一本松、闊達な物言いの戸羽太市長など、様々な要因があった。別に、有名になるのがいいことというわけではない。被災地からメッセージを送ること、被災地の状況を伝えることが重要なのであり、認知度は、全国にどれだけメッセージが伝わったかを示す指標とも言うことができる。

陸前高田市と並び、第1弾の候補地であった釜石市は、新日鉄の城下町であり、鉄とラグビーで全国的にも知られた都市である。これまで比較的知られていなかった陸前高田市の方が知れ渡ることとなったのも、一つの巡り合わせかもしれない。

陸前高田市の奇跡の一本松と仮設で建設された陸前高田市役所

## ☑先例の学習

さて、第1弾の着工に至ったが、仮設住宅の建設は着工することが目的ではない。いつまでに完成させ、いつまでに被災者を入居させることができるかを目標としなければならない。甚大な規模の災害で当初は手探りの対応であったが、先例として大いに参考となったのが、先にも取り上げた阪神・淡路大震災における取組であった。

このときの兵庫県民向け建設戸数は4万8300戸（このほか、大阪府民向けに1381戸が建設されている）。発災が1月17日で建設完了は8月11日だから、おおむね7か月後ということである。しかし、先ほどの表1・1をよくご覧いただきたい。震災後2か月あまりの3月31日には、その半数を大幅に上回る3万戸が既に完成しているのである。1月当たりでは1万3千戸程度のペース。これが4月以降になると、4千戸程度のペースにガタ落ちしているのである。これはいったいどういうことか。

## ☑途中で足りなくなった阪神・淡路の仮設住宅

ここに、興味深い数字がある。

表1・3を見ると分かるとおり、仮設住宅3万戸が完成している4月1日の時点では約1万世帯しか入居が進んでいないことが分かる。建設のペースに入居のペースが全く追いついていないのだ。これでは、最終的に仮設住宅が足りるかどうかが分からず、しばらく様子を見なければな

表1・3　仮設住宅への月別入居状況

| 年月日 | 入居世帯数 |
|---|---|
| 平成7年2月2日 | 4 |
| 3月1日 | 2,265 |
| 4月1日 | 10,308 |
| 5月1日 | 23,035 |
| 6月1日 | 32,714 |

（出典：兵庫県『甦るまち・住まい―阪神・淡路大震災からの震災復旧・復興のあゆみ』1997年3月、53～54ページ）

らない。

また、震災当初の試算では、被災者向けの住宅の必要戸数は約6万戸で、このうち県内の公営・公社住宅と民間賃貸住宅への入居等で1万5千戸、国・公団等で4千戸、他府県の公共・民間住宅で1万1千戸を確保し、残る3万戸を仮設住宅の建設戸数としていたのだが、実際には思うように仮設住宅以外への入居が進まなかったことがうかがえる。これについては、仮設住宅の必要戸数を2月9日に3万戸から4万戸に変更しており、震災1か月も経たないうちに早めの見直しをしている。しかしながら、最終的な数字である4万8300戸に変更したのは、震災後4か月以上を経過した5月22日まで待たなければならなかった。

仮設住宅の4万8300戸への変更については、空き公営住宅への入居者数が当初予定より少ないことや、入居が敬遠された仮設住宅があったことから、必要戸数が増加し、5月末に避難所解消策の一環として8300戸の追加分が認められたことが記されている。[*1] また、貝原兵庫県知事の手記[*2]や神戸新聞の記事[*3]に、当時の混乱ぶりが記されている。

仮設住宅の戸数の追加については、「被災者の入居が進んでおらず、空き住戸がある中で追加の仮設住宅建設は認めがたい」というのが国の立場での見解だったようである。そうはいっても避難所が解消できないのだから、建てるより仕方ない、とせまる兵庫県。この押し問答でいたずらに時間が経過してしまったようだ。

東日本大震災で、同じようなことを繰り返せば、やはり建設完了は遅れてしまうこととなる。この震災においては、必要戸数をしっかりとはじくこと、建設ペースを落とさずに建設完了に至らせること、この2点が重要であることを、阪神・淡路の際の資料から学び取ることができた。

＊1　内閣府『阪神・淡路大震災教訓情報資料集』

＊2　貝原兵庫県知事（当時）の手記によると、「4月末になって、公団等の空家に入居する戸数も1万2千戸程度に固まりかけた。そうなると、仮設住宅の必要戸数がさらに増える。幸いなことに、自衛隊が撤収した跡地を活用することができ、また、メーカーの能力にも余裕ができることから、さらに仮設住宅を増設することも可能となる。しかし、理由はどうあれ、未入居の仮設住宅が多数あるのに、さらに増設することは、一般の理解を得ることが困難で、それが決着したのは5月末のことであった」とある（貝原俊民『大震災100日の記録―兵庫県知事の手記』ぎょうせい、1996年、88ページ）。

# 2 どこにどれだけ建てればいいのか

## ☑仮設住宅の用地はどれだけ必要か

仮設住宅の第1弾は陸前高田市第一中学校、これに釜石市の昭和園グラウンドが続いた。その後も、大船渡市、大槌町、山田町でそれぞれの市町村の第1弾が着工となった。一方で、被災規模や被災者数からして、相当な面積の仮設住宅の建設用地を必要とすることは明らかであった。

岩手県建築住宅課では、特に被害の大きい宮古市以南の6市町について、果たしてどれだけの面積の建設用地が必要となるかを試算して市町村に説明することにした。

かなり汚いが、図1・2が震災直後3月15日頃の必要面積に関するメモである。宮古市等の4市がそれぞれ2500戸ずつ、大槌町、山田町が1500戸ずつ必要として、計1万3千戸。これに戸当たり80㎡を掛け算して、4市では20ha、2町では12ha程度の用地が必要になるのではないかとの試算をしていた。

＊3 「その後の追加をめぐる被災各市、県、国の折衝は難航した。四月初め、神戸市は避難所アンケートの結果を基に八千五百戸の追加を要望、それを受けて県は同二十四日、五千六百戸に修正して国に追加を求めた。しかし、厚生省は市の八千五百戸について「根拠がアンケートでは、どれだけまともな数字か分からない」とし、県の要請は「本当にそれで大丈夫か。これが最後ですよ」と迫った。五月の衆院建設委員会で、野坂建設相は「われわれも血を流しながら建設したのですが、なぜお入りいただけないのでしょうか、こう言って知事や市長にお話を申し上げた」と答弁。震災担当特命室によると、追加問題について大蔵省は、「空き家が目立つ」と、繰り返し指摘したという」（「復興へ 第4部 国はいま何を ⑴課された条件／被災地と霞が関に温度差」神戸新聞朝刊、1995年6月26日）。

最終的な結果としては、４市における建設戸数は１８１１～３１６４戸、大槌町と山田町の建設戸数は約2千戸であった。また、各団地における戸当たりの必要面積は１００㎡程度となることが多かった。[*4] このため、市町村によっては最初の試算よりは必要とする用地面積が多くなった場合もあった。多少の変動はもちろんあったわけだが、それはやむを得ない。震災直後において必要なのは、おおむねのつかみの数字だ。

仮設住宅の用地を探す際に、必要となる面積をあらかじめ算出しておくことは、有効な手段となるだろう。それによって、被災地における仮設住宅用地がどれだけ必要か、到達点を見定めた上での用地探しを行うことができるし、公有地だけで足りるのか足りないのか判断することも可能となる。この際必要面積は、以下のように市町村ごとに算出するとよい。

各市町村における仮設住宅の建設用地必要面積［㎡］＝市町村ごとの必要想定戸数×α

α：戸当たり面積［㎡／戸］　80～１００㎡／戸

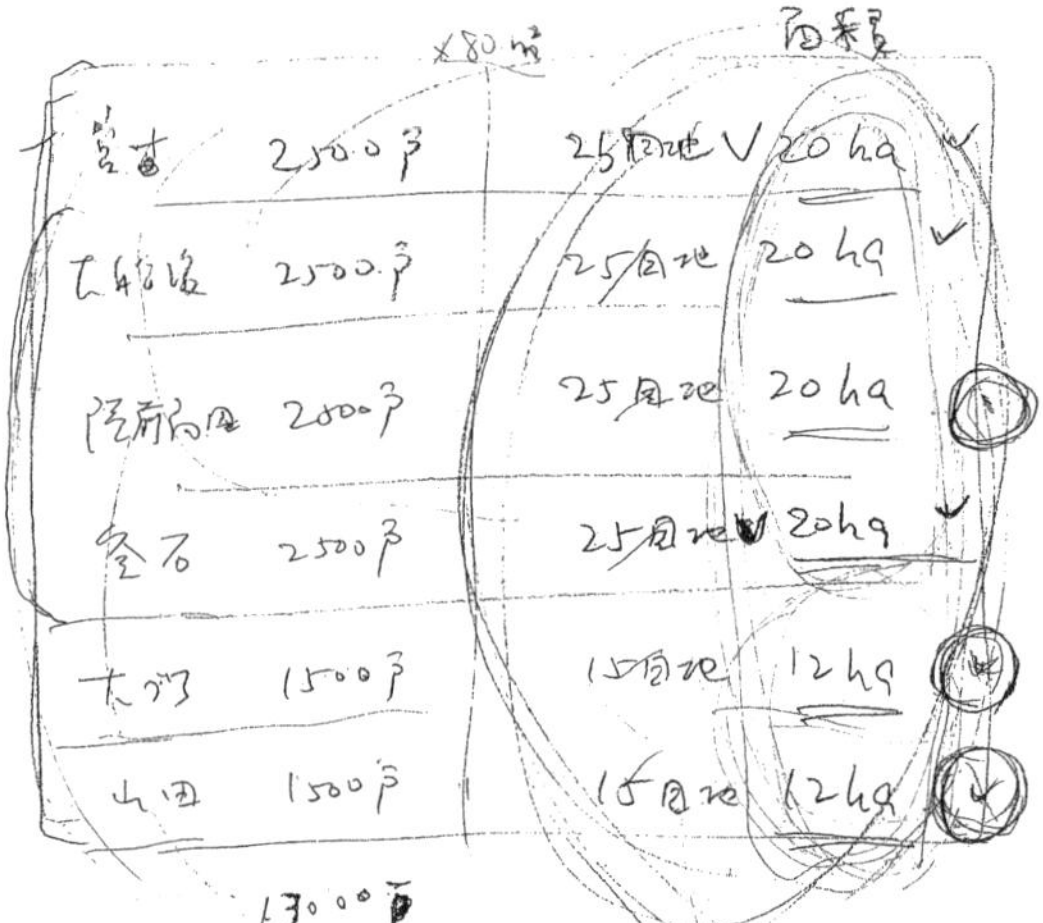


図1･2　必要面積に関するメモ

＊4　日本赤十字社作成の応急仮設住宅ガイドラインによると、阪神・淡路大震災における仮設住宅の1戸当たりの敷地面積は80㎡／戸程度で、効率の良い用地で60～70㎡／戸程度、効率の悪い用地で１００㎡／戸以上が必要であったことが記されている。

## ☑仮設はどこに建てたらよいか

仮設住宅の建設用地必要面積をはじけたとしても、問題はその用地をどのようにして確保するかである。ここが、阪神・淡路大震災との大きな違いであった。阪神・淡路大震災も相当な被害であったが、都市機能の一部は残り、完全にマヒしたわけではない。また、神戸の近くには大阪というさらに大きな都市が控えており、大きくとらえれば、京阪神大都市圏の一部が被災したと見ることできる。一方で、東日本大震災における被害は、一つの都市を壊滅的な状況にまで陥らせている。特に、陸前高田市や大槌町は、市街地のすべての建物が完膚なきまでに被災したという状況である。

被災した市街地にはガレキが広がり、地盤沈下で高潮時には浸水する。水道、電気といったインフラもやられてしまっている。被災した市街地は、安全性や、インフラの確保が困難といった問題に加え、被災者の心情からも、建設候補地とできる状況にはない。一方で、被災した市街地以外に、果たしてどれだけの用地が残されているというのか。

震災後当初は皆目見当がつかなかったが、少なくとも用地を選り好みしている余裕がないことだけははっきりしていた。先に、厚生労働省の指針では公有地を原則としていることを記したが、そんな指針に沿うべきか考える余裕すらなかった。ありとあらゆる建設可能地をかき集めて建設を進めていくより、ほかに方法はなかったのである。

## ☑被災市町村以外という選択肢

ただし、沿岸の被災市町村に建設可能地が少ないとしても、仮設住宅の建設を進める方法はある。沿岸の被災市町村以外の市町村に仮設住宅を建てることにすればよいのである。仮設住宅の建設を行うのは都道府県。どこに仮設住宅を建設するかは都道府県が決めればよく、必ずしもその場所は被災市町村でなくともよい。しかし、この方法はどうであろうか。

例えば、名古屋都市圏のように、平野が広がり内陸部まで市街地が連続している地勢であれば、内陸部の別の市町村に仮設住宅を建設するというのは有力な手段となるであろう。また、今回の震災では仙台都市圏でなら、そのような考えも妥当であったかもしれない。しかしながら、岩手県において被災したのは、リアス式海岸でそれぞれ独立し山で囲まれた港を中心とした都市である。隣町に行くにも山をまたいだ向こう側ということになる。田舎町であり、地縁、血縁の結束は強い。

こうした地方の都市において、例え被災したからと言って、別の市町村に移ってくれ、ということはそう簡単に受け入れられる話ではない。

また、被災者は、心ならずも死者となった家族の遺体の安置や、行方不明となった家族の消息、けがをした知人の様子、親戚等の安否など、現地にいるしか気遣うことのできないことが山ほどある。そして、自分が生まれ育ってきた町に対する深い愛着とコミュニティがある。被災しただけでも途方もなくつらいのに、亡くした家族、励ましあった知人と離れなければならないことになれば、その心情は察するに余りある。

岩手のような、それぞれの都市が独立性の強い地方においては、被災市町村以外に仮設住宅を建設するということは、極力消極的に考えた方がいいだろう。

## ☑被災市町村以外を避けたいもう一つの理由

被災市町村以外での仮設住宅建設を避けたい、もう一つの理由は被災市町村の弱体化に関する問題である。地方の市町村は、県庁所在都市など一部の都市を除き、人口減に悩まされている。人口が減るということは、歳入が減るということであり、歳入が減ると十分な住民サービスを行うことができず、さらに人口減を招くという悪循環に陥りかねない。この最悪のケースが夕張市であったことは言うまでもない。財政破たんを招きかねない人口減スパイラルを地方の都市はどこも危惧しているのである。

被災したということは、すでに自然減による人口減少を招いているわけであり、公益的施設等が被災していれば住民サービスも低下することとなる。被災後は、安全性を懸念する一部の住民が転出することが予想され、多少の社会減による人口減少は避けられないところだ。仮設住宅を被災市町村以外に立地させることとなれば、期間限定とは言え、これに輪をかけるように人口減を招くこととなる。

被災市町村以外の仮設住宅に居を構えることとなれば、そちらで日常生活圏が生まれることとなる。勤務先や学校、病院を変えることとなれば、仮に被災市町村が復旧し、もとに戻れる状況になったとしても、実際に戻るにはまた転勤、転校、転院という大きな決断をしなければならない。

ひとたび転出すれば、なかなか戻ってきてくれることはないだろう。ひとたび人口減になったら、それを回復させるのは至難の業。地方の市町村は、人口確保対策に苦労してきているので、その難しさをよく分かっている。被災による人口減に、輪をかけるような人為的な人口減は、是が非でも避けたいのである。

## ☑めざせ現地復興

東日本大震災の発災後、とにかくまずは避難所の劣悪な環境を何とかしなければ、というのが重要な課題となっていた。手を打たなければ、伝染病の発生など最悪の事態にならないとも限らない。仮設トイレの設置などにより、衛生面での問題は改善されていったが、それでも狭い体育館に身を寄せてプライバシーもないままに雑魚寝をせざるを得ない状況は、およそ先進国の姿ではない。

岩手県では、避難所の劣悪な環境から被災者を解放すべく、被災者の内陸ホテルへの移送作戦を展開した。この移送作戦は、特に達増知事の強いリーダーシップで進められ、知事自身はおそらく被災者全員を受け入れても構わないくらいの姿勢でいると感じていた。宿泊費なんて後からなんとかなる、それより今は被災者を救わなければならない、という知事の姿勢に強い感銘を覚えたものだったが、一方で、もしかして本当に被災者の大移動が起こったら、建設事業者のためのホテルが確保できなくなってしまうのでは、という一抹の不安もあった。

結果としては、移送作戦は思いのほか低調、というよりは、よくよく考えてみれば、被災地を離れたくないというのが地方の被災者のほかならぬ心情。1日3食おいしい料理が用意される遠くのホテルよりも、狭くて雑魚寝でも被災地の近くなのである。

こうした被災地の思い、そして被災市町村の願いを受け、3月25日には知事が「可能な限り現地復興を」とコメントするに至っている。

知事のコメントを受け、被災市町村における建設用地確保に向けて、県と市町村の歯車が回りだすこととなった。

## ☑岩手県から始まった民有地活用

被災市町村で土地を探すという大方針がはっきりしたのはいいのだが、建設用地が確保できる見込みがあったわけではなかった。なにせ市街地は壊滅状態。正直に言えば、平野部が壊滅した陸前高田市と大槌町では、用地が見つからなかった場合、内陸部に集団移動してもらうしかないかもしれないと懸念していた。

用地確保の打開策となったのが、民有地活用である。ヒントになったのは、釜石市の第2弾建設用地であった。この用地は、3月30日に着工したのだが、地元に拠点を構える企業の社有地であるグラウンドを提供いただき、仮設住宅を建設することとなった。もちろん無償である。

企業活動も地域における生活が成り立って初めて存在できるもの。当然と言えば当然の行為であるのだが、非常時のこのような企業の姿勢というのは、本当に有難い。こうした献身的な姿勢が、民有地活用の大きなヒントになったのである。

確かに、厚生労働省の指針には公有地原則とある。この原則のために、地代は国庫負担の対象とはならない。しかし、阪神・淡路大震災の記録では、計634団地のうち89団地は民有地であったことが記されていた。この民有地は原則として無償で、その代わり、被災市町等において固定資産税、都市計画税等の公租公課の減免措置が講じられた[*5]。

東日本大震災においても、同様に民有地活用を行うことは十分考えられた。公有地原則なんて、悠長なことを言っている場合ではなかった。何よりも被災した市町村が必死である。用地が足りなければ、被災市町村外に出て行ってもらわざるを得ない。そんな事態を絶対に避けたいであろう市町村は、地代を払ってでも、公租公課を減免してでも、仮設住宅の建設用地を確保してくれるはず。そう考えて、地代が国庫負担となるあてもない中、岩手県と市町村とで、民有地活用にともに突き進んでいったのであった。

*5　兵庫県の記録によると、平成8年2月6日の調査では有償41団地、無償38団地であったと記されている。

## ☑厚生労働省の通知で民有地活用にはずみ

民有地は、釜石市のグラウンドの次に、4月上旬には大槌町の小鎚地区などで活用させていただくこととなった。いよいよ民有地活用が広がりつつあった矢先に、厚生労働省から通知が発出された。4月15日に発出された通知では「今般の震災による被害の甚大さにかんがみ、土地の借料についても、個別の状況に応じて、通常の借料の範囲内で災害救助法の対象となる」旨が示された。

しかしながら、この通知だけではまだ不十分だった。被災地は平地が壊滅的な被害を受けていて、単に土地を借りるだけではなく、丘陵地や荒れ地を造成しなければ、土地の確保が難しかったのである。市町村は当初造成を自腹で実施する覚悟であったが、これについても、「必要・合理的な範囲内で、造成費及び応急仮設住宅を解体撤去する際の用地の原状回復費については、災害救助法の国庫負担の対象となる」旨の厚生労働省の通知が、５月６日に出されることとなった。こうして、用地費及び造成費が国庫負担の対象と認められることとなり、民有地活用に大きなはずみとなった。

結果としては、岩手県内の仮設住宅団地のうち、３１９団地のうち１７２団地、過半数となる53・9％の団地で民有地に仮設住宅を建設することになった。特に被害の大きかった大槌町では、48団地中実に44団地が民有地であった。[*6] 民有地活用がなかりせば、仮設住宅を速やかに建設することもできなかったし、被災者が被災市町村に引き続いて生活することもできなかったのである。

なお、民有地の借料、造成費等が災害救助法の国庫負担の対象となるのは、東日本大震災における特例措置であり、今後の災害における取扱いは不明であるので留意する必要がある。

## ☑学校の校庭に建てるべきか

仮設住宅を学校の校庭に建てるべきか否か、という議論がある。阪神・淡路大震災の際にも、学校の校庭は建設候補地として検討されたが、「学校の校庭も建設用地の対象となるが、震災で大きな心の傷を負っている子供たちに唯一残された心を癒す場を奪うことは避けようという市長の方針で建設をしなかった[*7]」と記録されている。結果として、兵庫県内の６３４団地のうち、学校

＊6　117ページ、表２・３参照。
＊7　神戸市『阪神・淡路大震災の概要及び復興』２０１１年１月

のグラウンドが使われたのは18団地に過ぎなかった。

しかしながら、一方で郊外のニュータウンなどに仮設住宅が建設されることとなり、被災者がなかなか入居しない、従来のコミュニティから切り離された生活を強いられる、などの問題が生じてしまった。

学校の校庭に建てずに済めば、それに越したことはない。しかし、東日本大震災で市街地がなくなってしまうような被害を受けた陸前高田市では、まず手当たり次第に学校の校庭に仮設住宅を建設するより仕方がなかった。陸前高田市に建てられた２１６８戸の仮設住宅のうち、半数に当たる約1千戸が学校の校庭に建てられた仮設住宅であった。

「校庭に建てることは問題ではないですか」との問い合わせが県にあった。東京のマスコミであった。では、いったいどこに建てろというのか、聞き返してみたかった。岩手県内の記者からはそんなことは聞かれなかった。そうするよりないことが、地元の記者ならよく分かっていたからであろう。

学校の校庭を避けてその近くに空き地が見つかればよいが、それは難しい。学区内に仮設住宅用地を見つけることができず、郊外に仮設住宅を建てることとなれば、学校に通っていた生徒は転校を考えなければならなくなる。

校庭を守って、生徒に転校を強いるのが、果たして正しい道なのだろうか。通う生徒がいなければ学校は成り立たない。被災した地域の生徒に、できるだけ被災前と同じ学校に通わせるという観点から考えれば、学校の校庭に建てるというのは、やむを得ない選択肢であると言うことができる。

また、学校の校庭が使えなくなったとしても、しばらくして別の用地が確保できれば、代替グラウンドとして整備することが可能である。陸前高田市では、仮設住宅完成後に長部小学校近くなどで仮設のグラウンドが整備された。市の方針において、まずは仮設住宅、その後にグラウンドの確保という優先順位がはっきりしていた。それでもやはり、仕方ないとはいえ満足な運動ができないことは課題として残った。

一方で、甚大な被害を受けたとは言え、被害が市街地の全部ではなく沿岸部にとどまった宮古市や釜石市では、極力学校の校庭を避けるべく、努力が重ねられた。宮古市で校庭に建てた仮設住宅は約2千戸中4百戸にも満たず、建てる場合にも一部に限って校庭を残すなどの配慮がなされた。また、釜石市に至っては校庭に建てた仮設住宅はゼロであった。これは、市幹部及び職員による必死の用地探しが生んだ賜物であるが、一方で、市街から少し離れた郊外に仮設住宅を建設することとなり、不人気な仮設住宅団地を生む結果も生じた。

このように、学校の校庭に仮設住宅を建てること、あるいは避けることは、被災規模や校庭以外の用地確保の見込みによって判断することが必要である。

校庭に建てる場合には代替となるグラウンドの確保、校庭に建てない場合には学区内における仮設住宅用地の確保などが課題となる。用地確保の見込みが立たない場合は、校庭に仮設住宅を建てることを躊躇しないことも必要となる。学校のことだけでなく、被災者や地域全体のことを考えた大所高所の判断が求められる。

建設候補地となった宮古市第二中学校

校庭の一部を残した宮古市鍬ヶ崎小学校

## ☑県と市町村の二人三脚

　災害救助法において応急仮設住宅の供与を行う主体は原則都道府県とされており、これは、食品の給与など他の災害救助と同様の扱いとなっている。大規模な災害となると、市町村は被災者の安否確認や避難所の設営などに追われることとなるため、仮設住宅の建設を市町村が行うのは実務的にも困難なことが多いと考えられる。

　したがって、仮設住宅の建設は都道府県が担うことになるのだが、都道府県の弱点は基礎自治体ではないため、地域レベルでの情報収集力が弱いところにある。特に、今回の大震災では民有地を活用することになったが、民有地というのは、地主さんから借地をさせてもらう承諾を得なければ活用することは叶わない。これは、そう簡単なことではない。震災後の混乱の中で、地主さんが誰で、どこにいるのかを割り出すところから始めなければならないのだ。

　この地主さん探しや交渉に関しては、市町村の方が圧倒的に能力が高い。市町村は日頃から住民とのネットワークを持っており、市町村の幹部ともなれば、町内会長さんら地元情報に最も詳しい方とのパイプがあるものである。また、小さな自治体であるほど、そのつながりが強い。

　岩手県においては、被災した市町村がみな小さな市町村であることが、民有地活用には逆に有利であった。体育館に避難している被災者のため協力を、とお願いすれば、条件云々でなく土地を使わせていただける、温かい地域のつながりが岩手の沿岸にはあったのである。

　かくして、用地を探すのは市町村、用地が建設用地として適切かを確認するのが県、という役割分担になった。法律上は、委任の手続や、市町村が県の救助を補助するとの規定があるのだが、この際法律云々ではなかった。

県から市町村には、前述の仮設住宅建設に必要となる面積をもとに、その面積分土地を見つけないと、被災者は避難所から脱出できない、あるいは各市町村外に転出しなければならなくなることを伝えた。市町村にとっては半分脅しのように受け止められたかもしれないが、それによって危機感を共有したのである。被災者が遠くに転居しなければならない最悪の事態だけは避けたい。そうした思いで、各市町村は本当に必死になって用地探しに奔走してくれた。

## ☑やむを得ず被災市町村以外に建設するケース

一方、沿岸の被災市町村以外に仮設住宅を建てることとなるケースもある。岩手県内では、なんと震災発生から11日後の3月22日に住田町が独自で仮設住宅の建設を始めたのである。住田町というのは、陸前高田市や大船渡市から20㎞ほど内陸部に位置する人口6千人ほどの本当に小さな町である。その住田町が、国の力も、県の力も全く頼ることなく、隣接被災地のために独自で仮設住宅の建設に踏み切ったのであった。

当時の県としてはびっくりしたが、町の被災者を思う判断を無にするわけにもいかない。震災時に必要なのは、市町村の枠組みや圏域を越えた助け合いの精神である。なんとしても現地復興を、と考えている沿岸の被災市町村にとっては複雑な思いであろうが、市町村の枠組みを超えた助け合いの重要性は痛切に感じていたことと思う。特に多くの被災者が入居することとなるであろう陸前高田市の戸羽市長には、状況を説明して理解してもらった。

一方で、宮城県においては、震災直後の第一次発注に際して南三陸町分の仮設住宅を内陸の隣接市である登米市に建設しており、このときは入居者から建設地についての苦情はなかった。また、女川町被災者分の一部を石巻市内に、名取市被災者分の一部を仙台市に建てるなど、県の調整によって被災市町村以外における仮設住宅建設が行われた（表1・4）。宮城県は岩手県に比べると仙台平野が地続きで、仙台、石巻といった大きな都市があることから、市町村をまたぐ移転に比較的抵抗感は少なかったようである。

ただし、宮城県の気仙沼市においては、仮設住宅の用地が足りなくなり、仮設住宅建設の最終段階で、岩手県の一関市内に仮設住宅を建てざるをえなくなった。この一関市内の仮設住宅は気仙沼市街から10㎞余り離れた折壁地区と20㎞余り離れた千厩地区に建てられたのだが、特に距離のある千厩地区の仮設住宅は敬遠される結果となった。入居する被災者にとっては、一番待たされたのに一番遠くの仮設住宅に入らなければならないという気の毒な展開になってしまった。

福島県では、原発災害という特殊性から、避難市町村内でということは叶わず、原発避難者の受け入れについて、県が受け入れ市町村の理解を得ながら周辺住民の合意形成を図りすべての用地確保を担った。

震災を受けての仮設住宅の立地は被災3県で三様といったところである。原発避難と言う特殊事情はいかんともしがたいが、やはり、地方部においては、被災者は願わくば従前の居住地に近いところで、という希望を持っており、その希望にはできる限り配慮する必要がある。

表1・4　隣接市町村への仮設住宅の建設状況（岩手県及び宮城県）

| 事業主体 | 建設地 | 団地数 | 戸数 | 入居者の従前居住地 |
|---|---|---|---|---|
| 遠野市 | 岩手県遠野市 | 1 | 40 | 主に釜石市、大槌町 |
| 住田町 | 岩手県住田町 | 3 | 93 | 主に陸前高田市 |
| 宮城県 | 岩手県一関市 | 2 | 320 | 気仙沼市 |
| | 宮城県登米市 | 6 | 486 | 南三陸町 |
| | 宮城県仙台市 | 1 | 21 | 名取市 |
| | 宮城県石巻市 | 3 | 290 | 女川町 |

（岩手県及び宮城県調べ）

## ☑郊外に建ててうまくいかなかった阪神・淡路

気仙沼市と似たような状況が、阪神・淡路大震災のときに実は起こっていた。阪神・淡路大震災では、被災規模が大きかったことと、都心に近い沿岸部の用地は限られていたことから、内陸部や郊外での仮設住宅建設が進められた。しかしながら入居が進まず、郊外の仮設住宅では途中から抽選ではなく、随時募集で受付が行われることとなった。それでも仮設住宅がなかなか埋まらなかったのである。

震災直後から神戸市が発行してきた「こうべ地震災害対策広報」を見ると、4月4日以降は毎号のように、郊外部の空いている仮設住宅の随時募集のお知らせを掲載していた。まるで、空いているのだから、お願いだから入ってくれ、と言わんばかりであった。

郊外部の仮設住宅というのは、建てるほうにとってみれば楽である。ニュータウンの売れ残りがあれば、広大な用地が確保できるし、開発主体は公的主体だから、仮設住宅を当面建てておくにはもってこいだ。しかしながら、被災者の側から見れば、生活上の利便性はないし、通勤、通学に不便はきたすし、これまで通っていた病院からは遠くなるし、あまりいいことがない。まして被災者のうちの多くは、足腰が弱った高齢者だ。郊外部の仮設住宅が不人気となるのも致し方ないだろう。

郊外部に仮設住宅を建てざるを得ないのであれば、交通の便を確保する、店舗や診療所など住民の生活利便を確保する施設を併設させるなどの対策があわせて必要だ。しかし、震災後というのはそうした点まで頭が回らないようで、残念ながら仮設住宅の利便性にまで配慮された事例は極めて限られてしまっているのが実情である。

仮設住宅というのは、ただ建てればいいわけではない。被災者に利用されて始めて仮設住宅を建てた目的が達成されるのだ。仮設住宅の設置主体は、そのことを肝に銘じて建設に取り組まなければいけない。

## ☑必要戸数が少なすぎる

さて、仮設住宅の必要戸数については、震災直後に岩手県では8800戸としたが、実はこれでは明らかに少なかった。3月も下旬となると被災市町村が避難者の状況をもとに、仮設住宅の要望戸数をそれぞれ示すようになった。例えば、釜石市は5千戸、陸前高田市は4千戸が必要だと試算してきたのである。

岩手県沿岸は宮古市以南の6市町が特に甚大な被害を受けたが、そのうち2市の要望戸数だけで8800戸を上回ってしまったのである。最初の8800戸という数字はしくじったかと思ったが、出してしまった数字は仕方ないと割り切るよりない。2市以外の市町村の数字も聞き取って、要望戸数を積み上げてみることにした。

すると、合計は3月28日時点で1万9657戸となった。約2万戸ということになる。一方で当時の避難所への避難者数は4万3千人。避難所以外の例えば親戚宅等への避難者を含めても5万人程度であろう。これを世帯当たりの人数2・5人で割ると、ちょうど2万戸という数字になる。つまり、市町村の要望戸数は、避難者のすべてが仮設住宅に入るとしたらこれだけ必要だ、という数字であった。さすがにこれでは多い。しかしながら、それでは避難者は果たしてどれだけの割合で仮設住宅に入ることになるのか。

阪神・淡路大震災の際には、避難者数30万人、10万世帯に対して約5万戸仮設住宅を建設している。したがって、仮設住宅の建設割合は結果としてほぼ5割ということになる。しかし、東日本大震災における被災は、阪神・淡路大震災とは全く状況を異にする。なにせ、津波被害によって市街地自体が壊滅的な被害を受けてしまっている状況だ。また、地方であるがゆえに持ち家率が高く、公営住宅も含めた賃貸住宅があまりない。したがって、自宅を失った被災者が住宅を確保しようにも、空いている賃貸住宅もないし、公営住宅もほとんどないから、仮設住宅を建てる以外にほとんど選択肢がないのだ。

ただし、それでも例えば避難所にいる被災者のうち、一部は公営住宅や内陸の親戚宅等に移る人もいるし、自宅を改修すればもとに戻れる人というのもいるだろう。その割合を1割と想定して、震災約3週間後となる3月31日に、岩手県では必要戸数を8800戸から1万8千戸に引き上げたのであった。

## ☑必要戸数の見直しは早めに行うべし

ちなみに、この必要戸数の見直しにはいくつか裏話があって、震災直後の8800戸では明らかに少なすぎたこと、また8800という数字が県内部では不評であったこと（なぜ1万戸や9千戸でなくて8800戸なのか？　震災直後に百戸単位で当てにいく意味があるわけではないだろう)、そして数字を変えるならばもう低いほうに外すわけにはいかない(これは国から仮設住宅の予算を確保するためという意味も)という事情があった。

1万8千戸では少し多すぎるか、という懸念もあったが、少なすぎてはいけない、ということで生まれた数字だったのである。

そして、これは岩手県のみならず福島県や宮城県も同じような状況であった。岩手県が必要戸数見直しをしたのに追随するように、宮城県は必要戸数を1万戸から3万戸に変更し、仮設住宅の必要戸数は当初の3万戸から6万戸以上となり、大きく膨れ上がることとなった。これを受けて4月5日、当時の大畠国土交通大臣は、プレ協を含む住宅業界全体の組織である住宅生産団体連合会に3万戸に加えさらに3万戸、計6万戸が必要になるとの申し入れを行ったのである。

国においては、平成23年度の当初予算では応急仮設住宅を含めた震災対応の予算は計上していないため、年度当初でありながら急遽補正予算が編成されることになった。4月末の国の1次補正予算において、仮設住宅建設等の災害救助に係る予算は3千億円以上の予算が計上されたのだが、これは被災3県の必要戸数の見直しを受けてのものであった。

必要戸数を見直すということは、できればなくて済むに越したことはない。しかしながら、当初はじいた戸数に固執して問題を起こすこととなっては、本末転倒である。先に述べたように、阪神・淡路大震災では、必要戸数の見直しが遅れてしまい、仮設住宅の建設が大幅に遅れてしまうという事態が生じてしまった。必要戸数の算出が外れてしまったなら、臆することなく速やかに、見直しを行うべきであろう。

震災3日後にはじき出した8800戸という必要戸数は、建築住宅課ではなく保健福祉部において算出したが、その後は必要戸数の算出を建築住宅課において行うこととした。震災直後は、被災建築物の状況把握や建物の危険度の判定を行う応急危険度判定の対応などにも追われること となるため、必要戸数をしっかりはじく余裕は生まれないが、落ち着いてくれば、仮設住宅以外の選択肢を冷静に考えていくことが可能となる。仮設住宅以外の選択肢には、既存の公営住宅や賃貸住宅、改修で自宅に戻るといった手段があるが、これらの選択肢の見込み数は、住宅部局でないとはじくことは困難であろう。このため、仮設住宅の必要戸数も住宅部局が算出することが望ましいものと考えられる。

なお、必要戸数を引き上げた際にプレ協への建設要請戸数は８８００戸のままに据え置くこととした。これは、当時プレ協会員企業による仮設住宅建設が進んでいなかったため、プレ協以外の建設事業者に発注する道を考え始めていたからであった。結果として、当初の必要戸数が少なかったので、必要戸数を引き上げる際に増加分をどこに発注するか当面様子を見ることができ、後に触れる地元工務店等に発注する道につながったという面もあった。

# 3 動き出さない建設工事

## ☑軌道に乗らない仮設住宅建設工事

仮設住宅の建設については、3月19日に陸前高田市、その後、3月末までには釜石市、大船渡市、山田町、大槌町と、順次各市町村の仮設住宅建設第1弾が着工した。プレ協からは、仮設住宅の建設に要する期間は一般的には3週間程度と聞いていた。とすれば、それぞれの第1弾は4月中旬には完成の運びとなるはずである。プレ協及び会員企業は、これまで幾多の震災において仮設住宅の建設を担ってきたプロ集団だ。しかしながら、着工当初は全く建設工事が軌道に乗らなかった。

県としては、プレ協に対してとにかく早く軌道に乗せてもらいたいと協議をしていたが、プレ協の対応を責めるばかりでもいられない問題が発生していた。未曾有の災害であるがゆえに、仮設住宅建設のために必要な要素があらゆる点で揃わず、錆び付いたロボットのように身動きがとれなかったのである。

## ☑ガソリンがない、資材がない、宿がない

例えば、物資を運ぶにも、まずガソリンの確保に苦労する。沿岸被災地のガソリンスタンドは壊滅しており、内陸部のガソリンスタンドも給油できるスタンドは限られていた。資材の確保も大変だ。また、建設を行うにも建設工事従事者のための宿泊場所が沿岸部には限られており、またその数限られた宿泊場所も多くは震災で被害を受けていた。

沿岸部における宿泊場所として次に候補となるのは賃貸住宅だが、これも持ち家志向の強い沿岸部にはあまり賃貸住宅がなく、さらに震災後は被災者の入居であっという間に埋まってしまった。3月下旬に不動産業者に問い合わせたら2百人待ちだ、と言われてしまうぐらい逼迫していたのである。

一番沿岸部に近い遠野市（とはいっても沿岸の釜石市から40㎞あるのだが）にも、宿泊需要、入居需要が押し寄せ、あっさり空き部屋は埋まってしまった。旅行会社によると、遠野市のあらゆる宿泊施設はマスコミが押さえてしまって、もう空きがないとのことであった。

マスコミさんにはこの際、内陸に移ってもらいたいと思ったが、どうしようもない。建設工事従事者は、遠野よりさらに内陸で沿岸部からは100㎞も離れた花巻や盛岡から毎日仮設住宅建設のために通うよりほかなかった。

ただし、プレ協では旅行会社と連携して宿泊場所の確保が迅速に行われ、また各ホテルや旅館

も沿岸へのバス運行や弁当の配布をするなど協力的であった。沿岸部での仮設住宅建設に、内陸の各ホテルや旅館の支援は極めて大きな力となった。

## ☑資材をめぐる混乱

仮設住宅は実に様々な資材を必要とする。鉄骨の柱はもちろんのこと、屋根材、壁材、ユニットバスに基礎となる松杭などなど。震災では、これら資材の供給元となる木材生産工場が被災し、当初は混乱した。合板最大手メーカーの工場やゴム製品を供給する工場も被災し、さらには計画停電が生産体制の混乱に拍車をかけた。

4月上旬当時、特に足りなくなると懸念されたのが、電気メーター、浄化槽そして断熱材である。電気メーターについては、1戸につき1個つけることをあきらめ1棟（6戸）に1個とすることを真剣に検討した。電気事業者は電気事業法に基づき各住戸に電気を供給しなければならない義務があるので、電気が来ないことはない。メーターが足りなくなったとしても、電気は供給しなければならないので、棟ごとにつけていくことで割り切ろう、電気事業者からも理解を得られるだろうと考えていたのである。一方で、浄化槽についてはさすがに足りないので設置しないというわけにはいかない。これら資材不足の懸念については、国土交通省に報告し、国土交通省と各省の連携により住宅建設資材に係る需給状況の緊急調査が行われた。

次第に震災後の混乱は収まっていき、被災した工場を補うような形で他の工場がフル生産体制を敷いたり、資材の輸入拡大が行われるなどして、仮設住宅建設に向けた供給体制の懸念は4月中旬以降にはほぼ解消されていった。結果として、電気メーターや浄化槽が完成時に不足するということは発生せずに済んだ。

## ☑寒冷地仕様の断念

一方で、断熱材の不足は最も深刻な悩みであった。東北の冬は寒い。比較的暖かい沿岸部でも真冬の朝はマイナス10度くらいまで下がる。

標準仕様の仮設住宅は断熱材が50㎜とされているが、これでは断熱性が不十分であり、寒冷地であることに即した仮設住宅を作らなければならない。寒冷地仕様の仮設住宅は中越地震のときに作られ、耐雪2・0m、天井の断熱材100㎜という仕様であった。このときは、特に結露が大きな問題となり、屋根から水がしたたり落ちてくるような始末であったため、新潟県とプレ協で天井裏の換気口取り付けなどの追加工事が行われており、これがその後の寒冷地における仮設住宅造りに活かされている。*8

岩手県では、岩手・宮城内陸地震のときに寒冷地仕様の仮設住宅を造った経験があった。このため、今回の震災においても、寒冷地仕様の仮設住宅造りに取り組んだ。例えば、水抜き栓や、水道の地上露出部の保温ヒーター巻き、トイレには暖房便座用のコンセントを設置し、天井の断熱材は100㎜とした。また、屋根裏には結露防止のため換気口又は換気扇を設け、屋根の積雪1mに耐えられる耐雪仕様とした。しかし、残念ながらプレ協規格建築部会の壁の断熱材は100㎜を求めたものの、そうはならなかった。仮設住宅の仕様についてはプレ協と協議したのだが、

＊8　木村悟隆「仮設住宅の居住性」『新潟県中越地震被害報告書』長岡技術科学大学、2008年

断熱材が極めて不足しているため、壁の断熱を１００㎜とすると、建設ペースが大幅に落ちてしまうというのである。また、短期間における大量供給を可能とするため、被災3県における仮設住宅本体の仕様は極力共通のものとする必要もあった。

当時は、一刻も早く仮設住宅を建設し、被災者を避難所から解放することがなにより大事であった。やむなく、壁の断熱を当初は50㎜に抑えることとし、そのかわり追加工事で断熱改修を行うことをプレ協と約束したのであった（このことについては、寒さ対策の項でさらに詳しく触れることとする）。

## ☑水がない、道がない、電気がない

仮設住宅の建設というのは、一般的には学校の校庭や、運動公園などのグラウンド、ニュータウンの空き地などに建てられることが多い。阪神・淡路大震災のときには、兵庫県内の全６３４団地の86％に当たる５４５団地が国・県・市や公団等が所有する公有地であった。また、全体の36％に当たる２２８団地は公園が活用された。[*9]

一方で、今回の震災では用地が不足し、特に岩手県及び宮城県では、民有地を活用した仮設住宅の建設が行われた。一口に民有地と言っても、実際には千差万別である。平らで整地されている、例えば駐車場だったようなところが望ましいのだが、そんな土地ばかりではない。用地探しは市町村に委ねていたが、市町村からは、「こんなところに仮設を建てるの！」と驚くような土地も候補として上がってきた。

＊9　兵庫県『阪神・淡路大震災に係る応急仮設住宅の記録』２０００年3月

これを現地に行って、県職員や他の地方公共団体等から派遣された応援職員が確認するのだが、水道が近くにない、電柱が近くにない、道路幅が狭い、現況斜面地である、テレビの難視聴地域であるなど、建設には困難が伴う候補地も多く、なかにはがけ地に近接しているというものまであった。また、敷地が狭くて数戸しか建てられないような土地もあった。

しかし、市町村にとってみれば、一生懸命探したなけなしの土地である。なんとか建ててもらいたいと願っている。また、被災した集落の近くに見つけた土地というのもある。もしそこに仮設住宅を建てられないとしたら、その集落は全く別の勝手の知らない地域に転居しなくてはならなくなる。こうした市町村ごとの実情に配慮し、多少の無理はあっても被災地に近い土地に仮設住宅を建設していくことが求められていた。

水道がなければ井戸を掘り、電気がなければ電線を引き、道が狭くてもプレ協と交渉をし…、ということを重ね、条件が悪い団地についてもなんとか建設を進めた。排水については、下水道施設が被災していて復旧の見込みが立たないため、岩手県では大半の団地で浄化槽を設置して対応することとした。また、プレ協の仮設住宅の建設資材は通常は10ｔトラックで運ばれるが、最少では４ｔロングトラックで運ばれてくる。その４ｔロングトラックがなんとかたどり着ける敷地であれば建設することとした。

造成団地（造成前）の例（出典：岩手県資料）

# 4 いよいよ入居開始

## 第1弾入居

東日本大震災における第1弾の仮設住宅団地であった陸前高田市第一中学校では、建設が急ピッチで進められた。国土交通省からプレ協に第1弾の完成をとにかく急ぐよう指令があり、建設事業者も気合を入れて完成を目指していた。

一つ問題になったのが、飲み水であった。陸前高田市は水道の水源として使われていた井戸が津波をかぶり、塩分が抜けるまで水道が使えないという事態となっていた。復旧にも時間がかかり、夏頃になるという見込みが伝えられていた。

水道が使えないのなら、自ら井戸を掘るしかない。そこで、第一中学校の近くで井戸を掘ってみたのだが、やはり塩分濃度が高く、水道の基準値を満たさない。

これは水が出ないところに仮設住宅を作ってしまったか?、もしかすると水道の復旧まで給水車に頼るよりない不便な生活を入居者にお願いしなければならないか？、と焦りが募り始めた頃、ようやく水質のよい井戸を掘削することができたとの連絡が現地から入った。

こうして、被災地第1弾の仮設住宅は無事4月1日に完成した。着工したのが3月19日だから、それからわずか2週間というスピードであった。

その後、仮設住宅の入居者選定が行われ、4月9日には被災者の入居が可能となった。報道では、仮設住宅に初めて入居する被災者の様子が伝えられた。ちなみに、当時の陸前高田市ではまだ水道は復旧しておらず、被災していない一般世帯を含め、給水車に頼る生活が続いていた。このため、陸前高田市に完成した仮設住宅は、同市内の被災地周辺地域で初めて蛇口から出る飲み水となり、入居する被災者が蛇口から出る水に驚く様子も合わせて伝えられた。

## ☑契約書の作成

仮設住宅の建設が進められる一方、県庁では、市町村との管理事務委託協定や入居契約書のひな形の作成を進めた。また、入居手続は市町村が担当することとなるが、細かなところまで手が回らないであろうから、県において「入居の手引き」のひな形を作成することにした。

入居の手引き（ひな形）では、光熱水費は自己負担となることのほか、結露防止

この頃はまだ周辺はガレキの山だった

第１弾で完成した陸前高田第一中学校の仮設住宅

のためまめな換気が推奨されること、積雪が1m近くになったときは雪下ろしが必要になること、ペットは室内飼育が基本となることなどを記載した。

ペットについては、公営住宅では禁止されていることが多いが、仮設住宅は持ち家からペットとともに移ることとなる被災者もいる。このため、全面的に禁止するのは難しいだろう。陸前高田市では当初全面禁止としていたが、第1弾入居直前の4月4日に周辺への配慮を前提に飼育を容認する方針とした。場合によっては、ペット飼育者向けの団地や、そこまでいかなくとも団地内のゾーンを設けるなどの対応があってもよいだろう。

## ☑入居期間の問題

入居の手引き（ひな形）では、入居期間について、原則として2年以内となるが「やむを得ない場合は期間が延長される」ことを記載することとした。これには理由がある。

仮設住宅の入居期間については、建築基準法に基づく仮設住宅の設置期限に連動して決まることとなる。災害で建設される仮設住宅の設置期限は、最大2年3か月と定められている。入居や退去の期間を考えると被災者の入居期間は2年までということになる。

ただし、この設置期限については、著しく異常かつ激甚な非常災害として指定された「特定非常災害」においては、建築基準法の特例措置がとられ、2年3か月を経過した以降も設置期限を延長更新することができるものとされている。この特定非常災害を指定する法律は、阪神・淡路大震災後に制定され、これまで阪神・淡路大震災、中越地震の2例が特定非常災害として指定を受けている。この結果、仮設住宅の設置期限の延長が可能となり、阪神・淡路大震災では約5年間、中越地震では約3年間、仮設住宅が継続して設置された。

市街地の一部での被災であった阪神・淡路でも仮設住宅の退去が終わるまでには5年という期間を費やしているのである。まして、市街地が全体的に壊滅的な被害を受けている今回の震災では、仮設住宅の次の住宅を確保するのになおさら時間がかからざるを得ないだろう。

東日本大震災も震災直後の3月13日に特定非常災害に指定された。このため、仮設住宅の設置期限が延長可能となることは予想されたことであったが、4月当時の報道では、仮設住宅の入居期限は2年であることがことさら取り上げられた。

しかし、市街地がこれからどうなって仮設住宅の次がどうなるのか、全く分からない時点で、仮設住宅の入居期間が2年となっていることばかり報道するのは、被災者の不安を増幅させるだけである。このため、「やむを得ない場合は期間が延長される」ことを、あえて入居の手引き（ひな形）には記載することとしたのである。

ただし、実際に仮設住宅の設置期限を延長可能とするための政令の公布は6月まで待たなければならず、4月の時点で「延長されます」と記載したのは実はフライングであったのだが、被災者や市町村の不安を和らげるためには必要なことであった。

## ☑入居者選定のあり方

入居者の選定については、阪神・淡路大震災における教訓がこれまで語り継がれている。阪神・淡路大震災では、災害弱者を優先すべきであると厚生省・建設省の指示を受けた県の強い指示があり、抽選方法を全面的に優先順位による弱者優先方式とした。[*10] 第1優先順位の設定は、高齢者のみの世帯（60歳以上）、障がい者のいる世帯、母子家庭（子供が18歳未満）としたが、この世帯だけで2万を超えており、結果として第1順位の世帯のみでの抽選となった。[*11] これにより、高齢者など弱者ばかりの団地ができるなど入居者に偏りがでて、その後の地域コミュニティづくりに課題を残した。[*10] また、早くできた既成市街地の便利なところの2Kタイプに単身の高齢者などが早期に入居する結果となる一方、子供を持つ家庭が都心部から遠く離れた仮設に入る、数人の家族所帯が1Kタイプに入るなどミスマッチも生じてしまう結果となった。[*12]

この教訓をもとにして、中越地震以降の震災では、要援護者の優先抽選方式ではなく、従前の地区ごとの入居となるよう配慮された。現在では、日本赤十字社の応急仮設住宅ガイドラインや厚生労働省の災害救助事務取扱要領において、入居者選定を「抽選等により行わないようにする」ことや、「高齢者、障がい者等を優先すべきであるが、孤立や災害関連死の防止、地域コミュニティへの復帰支援についても考慮し、特定の年齢階層に偏ることのないよう留意する」こと、「コミュニティ単位での入居方法も検討する」ことが記載されている。

東日本大震災では、高齢者、障がい者を優先しつつも、優先世帯の入居は5割程度にとどめるなどコミュニティ形成に対する一定の配慮がなされた。例えば、陸前高田市、大槌町、山田町では仮設住宅団地の住戸数を希望する世帯数が上回った場合には抽選が行われたが、優先世帯は半数程度となるように選定された。

また、仙台市では、集団単位で被災者が入居を申し込む「コミュニティ申込み」という仙台独

＊10 高橋正幸「被災者の住宅確保に係る課題と対策―応急仮設住宅を中心に」『都市政策 №86』㈶神戸都市問題研究所、１９９７年1月、26ページ

＊11 兵庫県『阪神・淡路大震災復興誌（第1巻）』㈶21世紀ひょうご創造協会、１９９７年３月、230ページ

＊12 神戸市『阪神・淡路大震災の概要及び復興』２０１１年1月

＊13 『団体限定』避難住宅、応募３件 仙台市『孤独死防止』朝日新聞、２０１１年４月17日

自の方式を採用し入居者を募ったが、結果としてこれは不人気で、当初10世帯だったグループ要件を5世帯以上に緩和するなど見直しに迫られた。[*13] コミュニティを重要視した対策であったが、仙台市はやはり大都会の都市。震災後の混乱の中で被災者自ら10世帯以上のグループを作らせようとするのには、無理があったようである。

## ☑抽選なし入居の実現

入居者選定において、完全に抽選を排除することに成功したのが宮古市であった。宮古市では、地域一括、被災地近接、世代間融合、通学への配慮を原則に掲げ、孤独を感じることなく安心で快適に暮らしてもらうため、可能な限り被災前の住居近くで地区ごとに抽選なしで割り振ることとした（図1・3）。しかし、これは大変な覚悟である。抽選なしとするためには、被災者の希望のみならず、従前のコミュニティの状況、仮設住宅の立地の見込みなど、様々な要素を考慮して判断していかなければならない。

被災者によっては、抽選でないことにより入居が遅くなるケースもあるだろう。被災地近くの仮設住宅に入れる被災者とそうでない被災者との間に差が生じることもある。選定結果に不満があれば、すべて行政に批判の声が向けられる。宮古市内の仮設住宅は2千戸にも上る数であるから、並

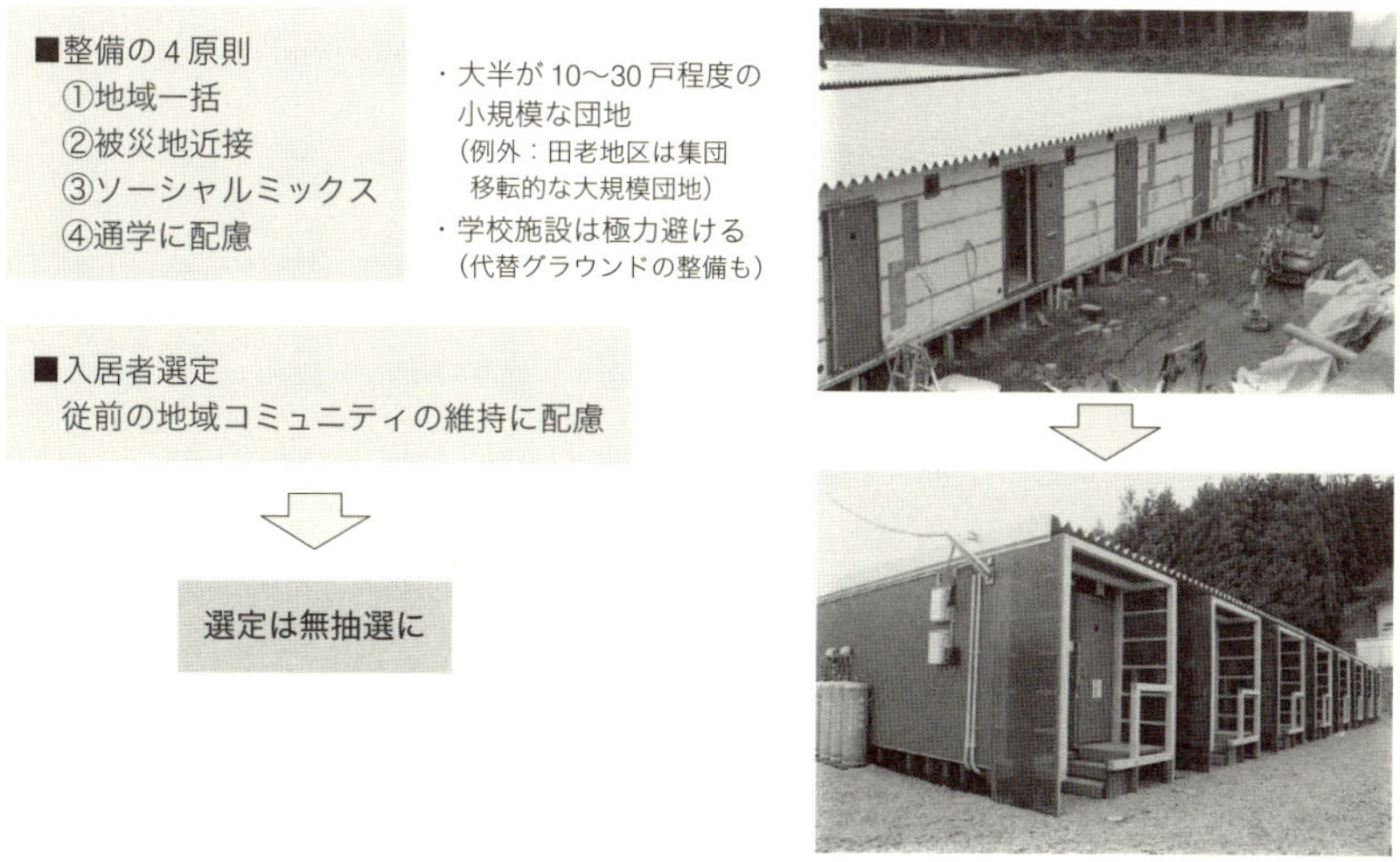
■整備の4原則
①地域一括
②被災地近接
③ソーシャルミックス
④通学に配慮
・大半が10〜30戸程度の小規模な団地
（例外：田老地区は集団移転的な大規模団地）
・学校施設は極力避ける
（代替グラウンドの整備も）
■入居者選定
従前の地域コミュニティの維持に配慮
選定は無抽選に

図1・3　宮古市の仮設住宅の特徴（出典：宮古市資料）

大抵の作業ではない。それでも、宮古市は入居遅れへの批判を覚悟し、「今後数年間の暮らしやすさを考えれば選定に時間を費やしたい」と考えたのである。[*14] さらには、仮設住宅団地の中でも、従前の居住地が近い被災者は同じブロックに配置するなど、徹底した配慮がなされた。

実に素晴らしい取組だと思う。仮設住宅への入居は仮のものとは言え、決して安易に考えてはいけない。そこに暮らしが根付き、そこから復興が生まれるのである。そう考えれば、仮設住宅にどのように入居してもらうかが、実は仮設住宅づくりの要と言っても過言ではないだろう。

## ☑被災者自らが用地を確保する事例も

地域のコミュニティを守るために被災者自らが仮設住宅の用地確保に動いたケースもあった。[*15]陸前高田市広田町の長洞地区においては、津波で60戸の集落のうち28戸が流されたが、被災者は全員無事で近くの民家などに分かれて入居しながら、地域のつながりを保つための対策を練っていた。地元自治会で適地となる用地を探し、地権者と交渉。地域の被災者の分の仮設住宅用地を確保して、県及び市と調整した。

驚いたのは、用地を探しただけではなく、配置図までしっかり作成していたことである（図1・4）。東京などから仮設住宅建設に詳しい有識者の方々が応援に入り、被災者・地区民の要望を組み入れながら、夜を徹して配置図や集会所の整備計画などの検討が地元において行われていたのであった。

仮設住宅団地整備は4月末に着手し、造成工事が必要だったため時間を要したが、6月末に無

＊14 「抽選せず地区ごと入居推進　仮設住宅で宮古市」岩手日報、２０１１年５月30日

＊15 「仮設住宅を自ら計画　陸前高田・長洞地区」河北新報、２０１１年10月23日

事完成の運びとなった。この地区では、入居者についても被災前の住み方や関係をできるだけ尊重し、被災者がまとまって入居できることとなった。行政と住民とで方向が一致しない場合などには、調整に時間を要したこともあった。行政側としては、長洞地区だけ特別扱いすることはできないわけなのだが、それでも地域の方々の熱心な思いを無にするわけにはいかなかった。

7月には地域の26世帯が入居。近所すべてが顔見知りと言ってもいい関係で、震災前と変わらないご近所づきあいが続いている。今では地区の復興計画について集会室で熱心に話し合いが行われている。

## ☑被災者への情報発信、相談対応

3月から4月にかけて、仮設住宅の建設ピッチが上がらない中、被災者向け緊急住宅確保策となったのが、既存の公営住宅の活用である。国土交通省による情報収集で、震災直後の3月15日時点で公営住宅と都市再生機構の賃貸住宅を合わせて約1万3千戸の空き住戸が確保できた。*16 国土交通省では、被災者向け公営住宅等情報センターを立ち上げ、3月22日から情報提供が開始された。岩手県の公営住宅についても、県補正予算で改修予算を計上し、エアコン、風呂釜、ガスコンロ、照明器具を設置した上で、3月末から被災者の入居を受け付けることとした。

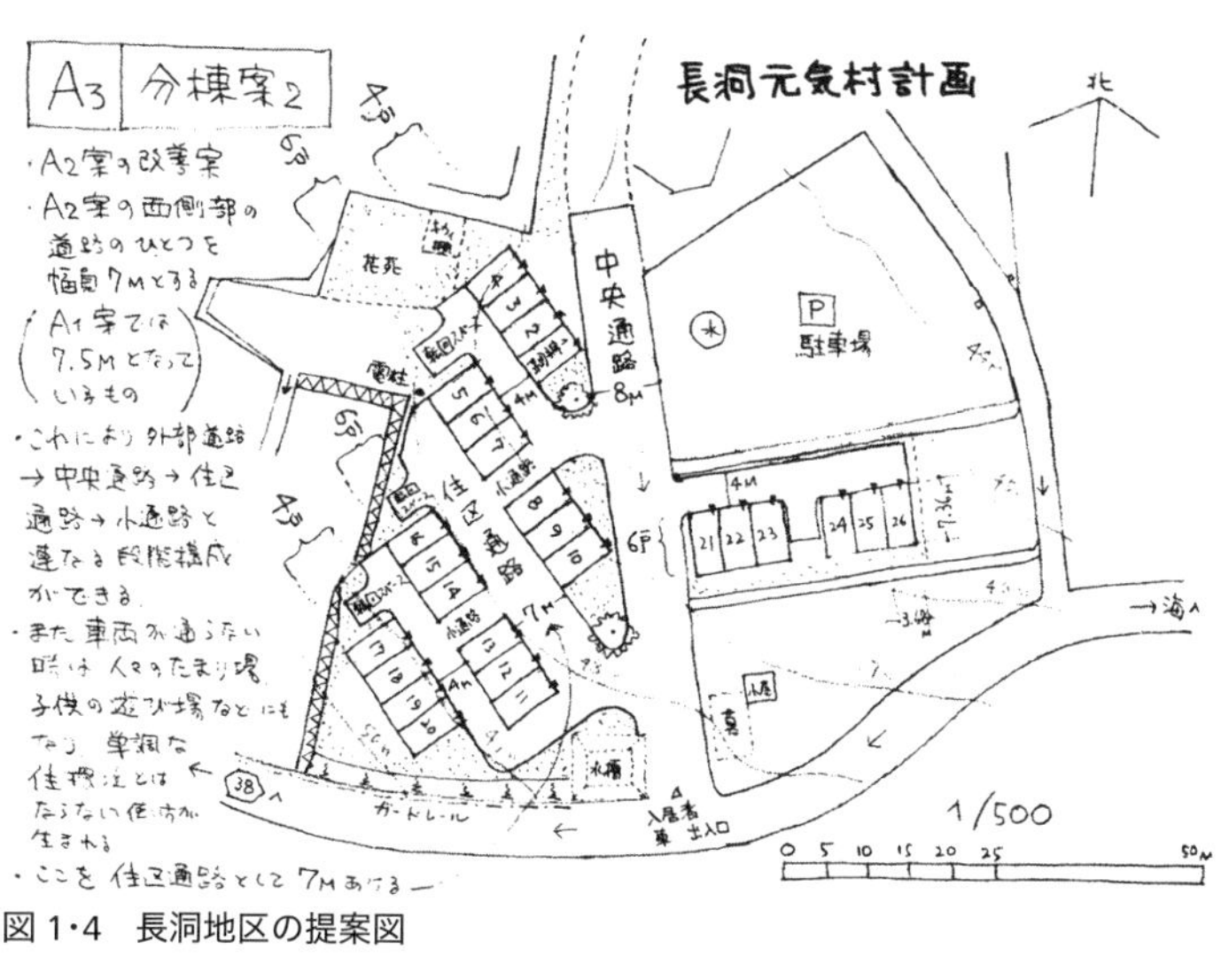


図1・4　長洞地区の提案図

＊16「公営住宅1万3千戸提供へ 原則無償で被災者支援」北海道新聞、2011年3月15日

しかし、である。被災者は沿岸部の避難所である体育館等にいる。どうやって提供する必要のある情報を伝えるかが最大の問題だ。被災者がおそらく目にするであろう情報は、避難所にも届けられると思われる新聞や、テレビ、そして避難所入り口に掲示される貼り紙といったものに限られる。

マスメディアは、被災者に情報を届けてもらうための重要なツールであり、被災者向けの公営住宅等の住宅確保に関する情報や仮設住宅の建設状況などを積極的に知らせることとした。また、同様の情報を分かりやすく整理した「かわら版」を作成し、防災部局と連携して避難所入り口に貼り出すこととした（図1・5）。

このほか、岩手県では被災者の電話相談窓口として「住まいのホットライン」を4月から開設し、住まいに関する様々な問い合わせに対応できるようにした。

これらの対策で、仮設住宅の進捗状況や公営住宅に入居できるかどうかなど、被災者にある程度は情報が届いていったものと思う。また、被災者と直接応対することとなる市町村や避難所の職員が混乱することのないよう、丁寧な周知や市町村との情報共有を行うことが必要だ。

なお、県営住宅の申込み受付に当たっては、案内と申込みを表裏1枚の用紙ですべて済ませ、避難所で配布や回収をしやすいようにし、申込みは市町村のり災証明書がなくても構わないこととした。市町村によっては庁舎が被災しており、避難所の対応等に追われ、り災証明書の発行事

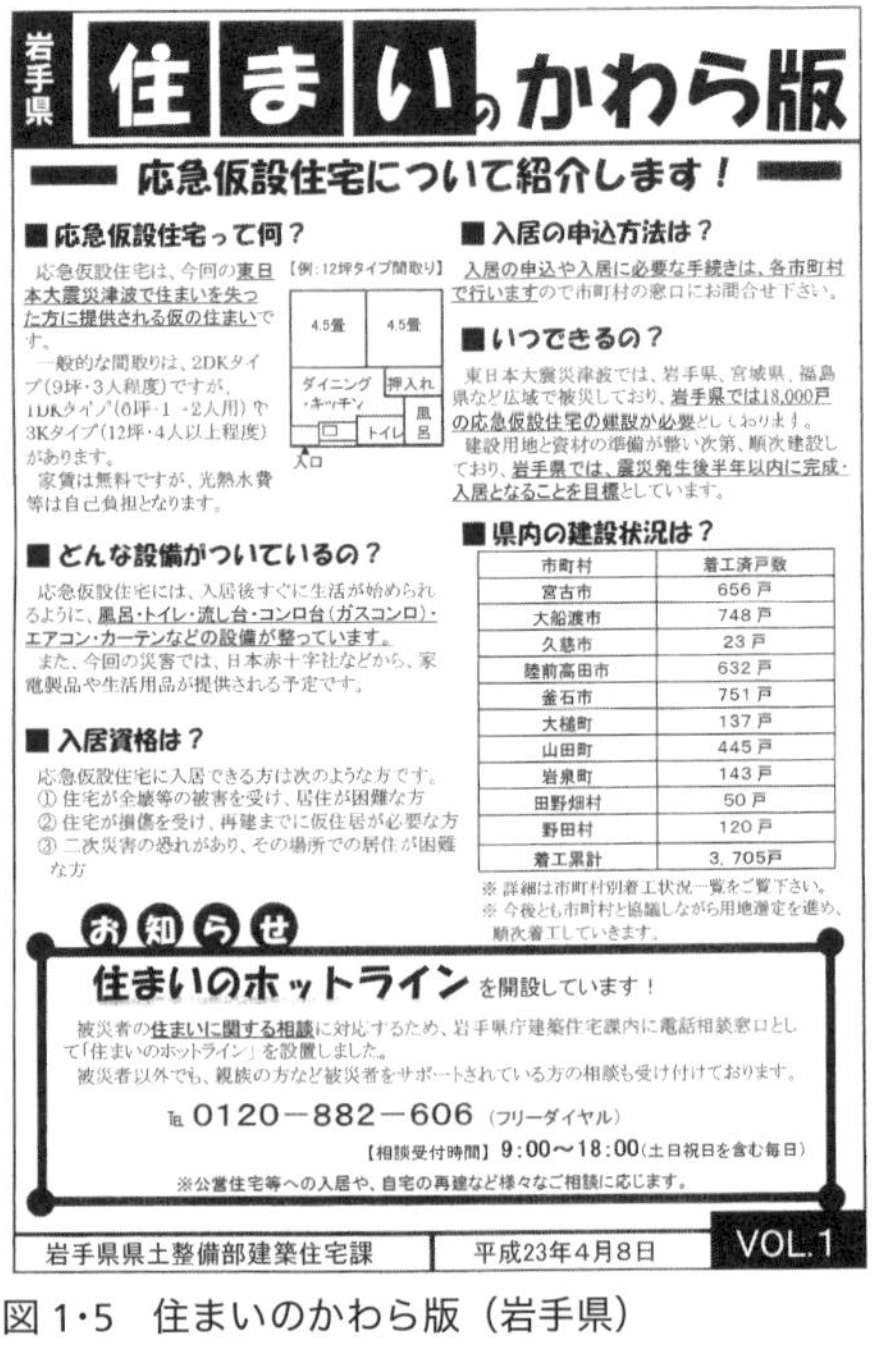

岩手県 住まいのかわら版

応急仮設住宅について紹介します！

■ 応急仮設住宅って何？

応急仮設住宅は、今回の東日本大震災津波で住まいを失った方に提供される仮の住まいです。

一般的な間取りは、2DKタイプ（9坪・3人程度）ですが、1DKタイプ（6坪・1～2人用）や3Kタイプ（12坪・4人以上程度）があります。

家賃は無料ですが、光熱水費等は自己負担となります。

【例：12坪タイプ間取り】



■ 入居の申込方法は？

入居の申込や入居に必要な手続きは、各市町村で行いますので市町村の窓口にお問合せ下さい。

■ いつできるの？

東日本大震災津波では、岩手県、宮城県、福島県など広域で被災しており、岩手県では18,000戸の応急仮設住宅の建設が必要としております。

建設用地と資材の準備が整い次第、順次建設しており、岩手県では、震災発生後半年以内に完成・入居となることを目標としています。

■ どんな設備がついているの？

応急仮設住宅には、入居後すぐに生活が始められるように、風呂・トイレ・流し台・コンロ台（ガスコンロ）・エアコン・カーテンなどの設備が整っています。

また、今回の災害では、日本赤十字社などから、家電製品や生活用品が提供される予定です。

■ 入居資格は？

応急仮設住宅に入居できる方は次のような方です。
① 住宅が全壊等の被害を受け、居住が困難な方
② 住宅が損傷を受け、再建までに仮住居が必要な方
③ 二次災害の恐れがあり、その場所での居住が困難な方

■ 県内の建設状況は？

| 市町村 | 着工済戸数 |
|---|---|
| 宮古市 | 656 戸 |
| 大船渡市 | 748 戸 |
| 久慈市 | 23 戸 |
| 陸前高田市 | 632 戸 |
| 釜石市 | 751 戸 |
| 大槌町 | 137 戸 |
| 山田町 | 445 戸 |
| 岩泉町 | 143 戸 |
| 田野畑村 | 50 戸 |
| 野田村 | 120 戸 |
| 着工累計 | 3, 705戸 |

※ 詳細は市町村別着工状況一覧をご覧下さい。
※ 今後とも市町村と協議しながら用地選定を進め、順次着工していきます。

お知らせ

住まいのホットライン を開設しています！

被災者の住まいに関する相談に対応するため、岩手県庁建築住宅課内に電話相談窓口として「住まいのホットライン」を設置しました。

被災者以外でも、親族の方など被災者をサポートされている方の相談も受け付けております。

℡ 0120－882－606（フリーダイヤル）

【相談受付時間】9:00～18:00（土日祝日を含む毎日）

※公営住宅等への入居や、自宅の再建など様々なご相談に応じます。

岩手県県土整備部建築住宅課　平成23年4月8日　VOL.1

図1・5　住まいのかわら版（岩手県）

務が行えない場合もあると考えられたからである。その一方で今回の災害は主に津波によるものであり、震災時の住所を記入してもらえば浸水域であるかが分かり、被災者かどうかをおおむね判断することが可能だ。住所の確認は、住民基本台帳のデータを利用させてもらうこととし、そのために条例改正を行った。また、国土交通省から各都道府県に対して、り災証明書が当面なくても公営住宅の入居申込みを受け付けるよう周知が行われた。

## ☑人員の増強

県においては、仮設住宅の建設のほか、県営住宅の入居募集、被災者からの問い合わせ対応、被災住宅の改修相談など、様々な業務に追われることとなった。とても、通常の人員では手に負えない。

人員の補強については、国土交通省が調整役となって、全国の都道府県や政令指定都市等に働きかけ、かなり早い段階から被災3県に職員（建築職、電気職、機械職等）が派遣された。このとき、最も迅速かつ積極的に派遣を行ってくれたのが、関西広域連合の各府県である。震災直後の3月13日には、それぞれがどの県を応援するかを決め、カウンターパート方式と呼ばれる役割分担を行って被災県を応援することを決定している（表1・5）。驚くべきスピードであった。

そして、実際に、3月17日には早速大阪府から3名の職員が、さらに3月23日にはもう3名の職員がやってきたのである。当時の県は本当に猫の手も借りたいような状況で、これほどまで迅速に応援をいただけたことは、実に有り難かった。特に、岩手県で立ち上げた「住まいのホット

表1・5　カウンターパート方式

| 被災県 | 応援府県 | 支援内容 |
|---|---|---|
| 岩手県 | 大阪府、和歌山県 | ①被災地対策<br>②支援物資等の提供<br>③応援要員の派遣<br>④避難生活等の受け入れ |
| 宮城県 | 兵庫県、鳥取県、徳島県 | |
| 福島県 | 滋賀県、京都府 | |

（出典：関西広域連合広域防災局『関西広域連合の東日本大震災に対する支援活動概要』2011年4月26日）

ライン」については、住宅管理に精通した大阪府の職員が精力的に当たってくれたおかげで、万全の準備をすることができた。

4月に入ると、各地方公共団体や都市再生機構から応援職員が続々と入り、さらには県庁内の他課や県の外郭機関からも人を集め、建築住宅課は従前30人体制であったのが、ピーク時には50人以上に膨れあがることとなった。応援職員と県職員が一体となって職務に当たれるよう、応援職員の座席もできるだけ課内に詰めこんで配置したが、さすがに50人以上となると入りきれない。都市再生機構から派遣された現場確認を専門に行う職員については、沿岸に近い遠野市内に拠点を設けて業務に当たってもらうこととした。

応援職員の派遣により体制が整ったことで、仮設住宅の建設候補地の確認はチェックリストに基づいた丁寧な状況把握を行うことができた。県庁のある盛岡から沿岸部へは車で片道2時間以上かかるが、現場確認担当の職員は週に2～3日はその往復であった。

阪神・淡路大震災の際には、「用地探しの基本である現地確認をする人員も時間もなく、地図上だけで用地の検討していったため、確かと思って提供した用地も、実際には傾斜があったり、崖が崩れかけていたり、亀裂が入っていたり、また、予想以上に狭かった」[*17]とのことであったが、そのような問題が生じずに済んだのは応援職員のおかげである。

余談だが、応援職員を受け入れた影響で、課内では関西弁が飛び交うようになり、大層にぎやかになった。応援職員は皆、岩手県のために人肌脱がなければという心がけで業務に当たってくれた。震災当初は悲壮感のただよっていた課に、応援職員という新しい血が入ってきてくれたことで一体感が生まれたような印象であった。

＊17　神戸市住宅局『阪神・淡路大震災記録誌』1997年4月、32ページ

# 5 開けた地元発注への道

## プレハブ建築協会とは

　ここで、社団法人プレハブ建築協会（プレ協）とはどういう団体なのか、触れることにしたい。プレ協は、建築生産の近代化、合理化を推し進め、住宅の工業生産化を発展させるための技術開発・需要開発を2つの柱として、建設省、通商産業省（当時）の共管により設立された社団法人である。現在、正会員企業は36社、準会員企業45社、賛助会員企業101社[*18]となっており、社団法人の普段の業務は、プレハブ住宅を供給するための自主管理規準づくりや、プレハブ住宅コーディネーター等の教育体制の整備、プレハブ住宅に関する相談対応などとなっている。正会員企業には、積水ハウス、大和ハウス、ミサワホームといった住宅メーカー大手も含まれる。

　また、組織構成はPC建築部会、住宅部会及び規格建築部会に分かれている。PC建築部会はプレキャストコンクリート工法[*19]の技術開発等を行う部会であり、仮設住宅の建設は残りの住宅部

＊18　平成25年4月1日時点。

＊19　コンクリート部材を工場であらかじめ製作し、現場でジョイントする工法。

会及び規格建築部会が担っている。いわゆる大手住宅メーカーは住宅部会に、プレハブリースメーカーは規格建築部会に属する。

都道府県とプレ協による災害時の協定は、昭和50年の神奈川県に始まり、阪神・淡路大震災の発生を契機として全都道府県との締結を進め、平成9年に全都道府県との協定締結が完了している。

## ☑規格建築部会と住宅部会

最も一般的な仮設住宅は、規格建築部会の会員企業が建設する仮設住宅であり、阪神・淡路大震災においても大量供給が行われている。規格建築部会の会員企業は、普段は現場事務所などの仮設建築物を建設している。これは、多くの場合リース方式によって建設されるもので、ある場所での供用を終えたら会員企業が引き取って、資材をばらして保管し、さらには次の建設地に運んでいっている。このように、リユースができるように配慮された設計がなされており、現場での組み立ても効率的に実施できるようになっている。

仮設住宅を建設する場合は、柱、壁、屋根といった部材は現場事務所のものと同様なものを使うことができるが、浴室、台所など、仮設住宅のために必要となる資材も多い。仮設住宅建設の工期は、標準的には3週間程度とされている。

住宅のタイプは標準サイズの9坪（2DK）のほか、6坪（1DK）、12坪（3K）の計3タイプを供給することが可能である。基礎は木杭とし、その上に鉄骨を格子状に張り、床を乗せ、鉄骨の柱を立てていく工法が一般的である。壁は、鉄骨の柱の間に壁パネルを落とし込んで作っていく。玄関は引違い戸となる（図1・6）。

一方、住宅部会の方は、住宅メーカーが普段建設しているアパートなどがベースとなっている。その住宅部材の生産ラインを切り替えることによって、仮設住宅を建設する。したがって、住宅メーカーによって、普段手がけている住宅の構造のとおり建設が行われ、鉄骨造のほか、木造の仮設住宅もある。住戸のタイプは、東日本大震災においては9坪（2DK）の1タイプのみに限定された。また、居室は南面2室タイプと縦に連なるタイプがある。玄関は開き戸（ドア）である（図1・7）。

次ページ以降の写真をご覧いただいてお分かりいただけるだろうが、規格建築部会の住宅はどうしても現場事務所がベースとなっているという雰囲気が実感できてしまい、鉄骨も露出した造りとなっている。これに対し、住宅部会の住宅の方は、本業がそもそも住宅づくりであるがゆえに、仮設住宅とはいえども、本設に近い造りとなっている。

## ☑仮設住宅大量供給の流れ

こうした規格建築部会と住宅部会の造りの違いから、どうしても規格建築部会の住宅の方は、住宅部会のそれに比べて見劣りがしてしまうのはやむを得ない。しかしながら、では住宅部会の住宅だけ供給すればいいかというと、そうはならないのだ。その要因の一つは供給能力にある。また、規格建築部会は、普段から仮設住宅に使うものと同様の建設部材の生産を行っている。また、

図1·6　プレハブ建築協会規格建築部会の仮設住宅（出典：プレハブ建築協会資料）

図 1·7　プレハブ建築協会住宅部会の仮設住宅（出典：プレハブ建築協会資料）

リース使いをしているため、ある程度のストックがある。このため、災害時にはすぐさま仮設住宅の供給を行うことが可能である。

一方で、住宅部会の方は、普段は高級一戸建て住宅やアパートの建設を行っているメーカーである。アパートなどと比較して仮設住宅は独自の仕様となっており、震災後は新たな生産ラインを動かすところから始めなければならない。分かりやすく壁を例にとれば、アパートの壁は石膏ボードに壁紙を張って仕上げるが、仮設住宅では壁紙を張る手間を省くため、石膏ボード自体に多少の柄を入れた、化粧石膏ボードが使われる。このほか、様々な資材を仮設住宅向けに設計し直して、生産体制を整えることとなる。このため、災害後の立ち上がりは、規格建築部会に比べて遅くならざるを得ない。ただし、一旦軌道に乗れば、そこは大手住宅メーカーの馬力がものを言い、短期間大量供給が可能となる。

会員企業全体で見た仮設住宅の供給能力の割合は、規格建築部会が2に対して住宅部会でおおむね1の割合となる。つまり規格建築部会は住宅部会と比較し2倍の供給能力がある。このため、短期間に大量の住宅供給を必要とする大規模な災害においては、両部会の住宅建設をフル稼働させることがベストの選択肢となる。

一方、数十～数百戸程度の仮設住宅が必要となる程度の災害であった場合は、規格建築部会の方が初動が早いため、住宅部会の登場を待たずに規格建築部会のみで供給を終えることとなる。これも、住宅部会の方が性能が良いから住宅部会でというわけにはいかないだろう。災害対応は規格建築部会の迅速性が物を言い、住宅部会はこれを補完する役割となっているのだ。

## ☑リースと買取り

規格建築部会の住宅のメリットには、もう一つ、リース契約を結ぶことができるという点がある。規格建築部会の住宅の柱や壁は、現場事務所と同じ部材を使っているため、リユースをすることができるからである。住宅部会の住宅は、先ほど触れたように部材が仮設住宅用に作られるため、このようなメリットがない。仮にアパートと同じ部材を使ったとしても、中古部材でアパートを建設するという需要がないため、リユースをすることができないのだ。

一方で、リユースできる規格建築部会の住宅についても、さすがに大量の仮設住宅を建設した場合、使い回しをするのには限度がある。このため、プレ協は、リース契約で建設する仮設住宅の戸数の限度を1万戸としている。今回の東日本大震災では、被災3県でそれぞれ3300戸程度まではリース契約で建設が行われ、その残りは買取りの契約ということになった。

結果として、岩手県ではプレ協会員企業による仮設住宅が約1万1500戸供給されたが、この内訳は、規格建築部会のリース約3400戸、同部会の買取り約4400戸、住宅部会の買取り約3700戸となった。

このリース契約分については、仮設住宅供給の役目を終えた時点で、会員企業が資材を無料で引き取ってくれる。一方で、買取りについては、設置者である都道府県が資材の所有者となるため、自らの責任で処分を行わなければならない。廃棄物処理には数十万円の経費が必要となるため、その分余計に費用がかかってしまうおそれがある。この点については、「被災地の仮設住宅の今後」の項でさらに取り上げることとしたい。

## ☑ 一大産業となった仮設住宅建設

仮設住宅の発注が進むとともに、気になり出したのが、仮設住宅の建設をプレ協の会員企業である大手企業ばかりに頼るだけでいいのか、という疑問であった。プレ協の会員企業は確かに大量供給のノウハウを持っているし、建設工事従事者を確保するためには全国に有するネットワークを活用することができる。

しかし、それに頼るばかりではいけない。仮設住宅の建設には地元の力も必要だ。地元の建設事業者も、被災地に仮設住宅ができるなら、手をこまねいているより少しでも貢献したいと考えるのが自然であろう。

手元で計算をしてみた。仮設住宅が仮に県内に1万4千戸建つとして、戸当たりの建設費用が5百万円だとすると総事業費は7百億円にも上る。ちなみに、震災前における岩手県が発注する土木事業の総予算が単年度で約5百億円。それを上回る額を数か月で発注することになるのだ。また、住宅建設には、本体工事だけでなく、電気、ガス、水道など様々な付帯工事も発生する。これはもはや一大総合産業であると言っていいだろう。

まず、プレ協には仮設住宅の建設をするに当たって地元企業の雇用や地元資材の活用に配慮することを要請した。実際にも、プレ協では、電気や配管などの工事について地元企業をできるだけ採用するよう配慮をしていただいた。総作業員のおおむね半数は地元作業員が活動し、外構工事などはほぼ地元業者による工事が行われた。何もかもを失った被災地で、ガレキ除去と仮設住宅建設から地域の経済は再スタートをすることとなった。

## ☑地元工務店等に発注するという道

仮設住宅建設工事がなんとか始まったが、資材不足などの影響があって、全く思うように進展しない。3月末になっても順調に工事が進んでいるのは、陸前高田市の第一中学校の現場のみという有様だった。プレ協にこのまま、任せていていいのだろうか。これでは、仮設住宅の建設にいったい何か月かかることになるのか先が見えない。懸念が募っていったところ、阪神・淡路大震災の資料を見てみると、確かにプレ協の会員企業が建設した仮設住宅がほとんどを占めていたが、輸入住宅も約3千戸以上建設されていた。

ということは、プレ協以外の事業者に仮設住宅を発注しても構わないということである。[*20] また、3月の終わりともなると実際に、地元業者でも仮設住宅は建てられるから是非ともやらせて欲しい、という声が幾つかかかるようになった。

国土交通省には、「プレ協を待っていられない。プレ協以外の、地元の在来の大工、工務店を活用して仮設を建ててもらうことも考えるべきでないか」と県の危機感を伝え、地元業者への発注についてどのように行うか検討を始めることにした。

＊20　実は雲仙普賢岳噴火災害や中越地震の際に、一部の仮設住宅を地元の業者に発注し、木造の仮設住宅を建てた事例があったのだが、それを知ったのは大分経ってからであった。

## ☑公募による建設事業者の選定

とは言っても、災害時に仮設住宅を建設するために県と協定を結んでいたのはプレ協1団体のみ。他の企業や団体に仮設住宅の建設を発注するのは、随意契約か入札か、いずれにせよ一から物事を決めることになる。

例えば、地元のA社から仮設住宅を建てたいという希望があったとして、A社ともし随意契約をしたら、B社からも、C社からも…となり、結果としては大混乱になってしまう。一方で、県として設計した仮設住宅の設計書があるわけではないので、建設工事の公告を行って入札するような手順をとることはできない。ということは、建設事業者を広く公募で募って、応募した建設業者の中からどこかで線引きをして、受注者を決めるよりなさそうだ。

4月に入り、岩手県では仮設住宅建設事業者の公募に向けて本格的に検討作業を進めた。また、宮城県、福島県も同様に準備に入った。一方で、輸入住宅については、国土交通省が一元的な窓口となるよう検討が進められた。

公募は、福島県が先頭を切って4月11日に開始した。それに宮城県や岩手県も続く形となった。国土交通省では4月15日から、輸入住宅資材を用いた仮設住宅供給事業者の提案公募を開始した。岩手県では、国土交通省による輸入住宅の公募の状況も見ながら、4月18日に公募を開始した。

福島県では、募集戸数を4千戸とし、県内に本店のある建設事業者を対象とした。県の定める標準仕様をもとに各事業者に提案を求める方式で公募受付を行い、有識者等からなる選考委員会を設置して選定が行われた。審査項目は、住宅の性能や、供給体制、契約価格、県内企業や県産材の活用状況などであった。

これに対し、岩手県の公募で特に配慮したのは、中小の工務店も応募できるようにということであった。岩手県内の仮設住宅団地は平地が少ないがゆえに、小規模な用地をもかき集めて建設用地とする方針としていた。中小工務店には、こうした小規模団地を割り当て建設してもらおうと考えていた。

応募の要件は思い切って低くし、岩手県内に本店又は営業所を有する事業者であって前年度施行実績が5戸以上あり、仮設住宅の供給可能戸数が12戸以上あれば応募可能とした。プレ協と同程度の仕様を示して建設提案書の作成を求め、買取り価格は、プレ協と同等の価格を基本としつつ極端な価格競争に陥らないように一定の範囲（プレ協価格の0・9〜1・1倍）を設定した。このほか、工期をプレ協の標準的な期間（当時は30日間程度であった）より長い45日間とした上で、中小工務店の資金繰りに配慮し、代金の前払いや部分払い（複数棟建設する場合）を可能とした。

募集戸数については、岩手県では2千戸以上と設定した。「以上」としたのは、公募当時まだ仮設住宅の必要戸数が確定しておらず、2千戸以上は発注可能だと考えていたが、どれだけ上積みできるかは読めなかったためである。応募もどれだけあるのか全く読めなかったが、公募の反響は大きく、89もの事業者・グループから応募をいただいた。これらの事業者・グループの供給可能戸数を積み上げると1万1千戸以上にも上った。地元工務店等でも相当な供給能力があることが明らかになったことは大きな成果であった。

## ☑被災3県による対応の違い

福島県では選考委員会を設置しての審査だったが、岩手県では、提案価格や県産材の活用状況などを点数化して客観的に算出される点数をもとに、事務方で採点を行い庁内でオーソライズを行った。この審査方法については、どちらのやり方もありうるだろう。ただ、岩手県の客観点数方式の場合、価格点以外の点数で差が開かず、ほぼ価格の提案次第で決まる結果となった。このことについては工夫が必要と思われた。

福島県では、4月の第一次公募で12事業者4千戸分が選定され、そのうち8事業者は日本ログハウス協会や福島県建設業協会など複数の構成員がグループとなって応募した団体であった。[*21] 岩手県では、5月に21事業者2494戸分が選定され、そのうち12事業者は単独での応募で過半を占めた。福島県が4千戸という規模で募集し供給量確保が必要だったため、グループを組んだ事業者が多く選ばれたのに対し、岩手県では、中小工務店が単独でも受注可能だったという特徴が現れている。

岩手県では、輸入住宅資材を扱う建設事業者も応募可能とした。ただし、住宅性能についてはプレ協が建設するものと同等以上のレベルを満たすことを求めた。また、用地不足が見込まれていたことから、敷地に効率よく住戸を配置できる設計であることを求めた。輸入住宅資材を扱う建設事業者からも多数手は挙がったのだが、その多くは住宅性能や配置設計で問題があって採用できる基準を満たすことができず、また採用可能なものも高価格での提案が多かったため、結果として採用されたのは1グループの提案のみにとどまった。

宮城県でも公募は行ったのだが、県からの発注は行われなかった。岩手県や福島県に比べ、公募選定による仮設住宅建設事業者の採用には消極的であった。

宮城県の公募では、輸入住宅資材を扱う事業者204件、宮城県内事業者77件を適合としたのだが、仮設住宅の建設を市町村でも可能とするとともに、そのリストを作成して市町村に送るという対応であった。建設スピードにおいては県がプレ協に発注するだけで十分であるので、それ

＊21 その後、福島県では7月に第二次公募が行われ、第一次を含めて約6800戸が地元建設事業者によって建設されている。

以外の事業者は市町村から発注を受けて建設を行ってもらうという考え方だったようであるが、応募した事業者はさらに市町村に営業活動をしなければならなかった。宮城県の公募結果には、「仮設住宅供給事業者リストへの記載は、発注を約束するものではありません」とあるのだから、応募した事業者はがっかりしたことだろう。結果として、市町村も自ら発注を行うような余裕はなく、地元工務店等への発注は限定的なものとなってしまった。

公募選定による発注が地元企業の雇用や地元資材の活用などの効果を生むことを考えれば、宮城県では残念な結果に終わってしまった。建設スピードや効率のことを考えれば、プレ協1団体のみを相手にした方が手際がいいし、事務処理などの手間もかからない。岩手県ではプレ協1団体のほかに21者・グループを選定したので、相対する相手の数は計22。そのため協議に要する手間は単純に言えば22倍である。それでも、地元工務店等の復旧・復興にかける熱意を仮設住宅建設に注いでもらい、大きな意義があったと言える。

## ☑地元工務店等による仮設住宅の特徴

岩手県及び福島県（第一次）における地元工務店等による仮設住宅の公募選定結果は、表1・6のとおりである。

岩手県では、地元工務店等によって85団地２４８５戸の仮設住宅建設が行われた。これは、岩手県内で建設した仮設住宅総数1万３９８４戸の約2割に相当する。詳しくはまた後ほど触れることとしたいが、各事業者とも工夫を凝らし、個性的な仮設住宅も数々生まれた。住

表 1·6　岩手県及び福島県における地元工務店等の公募選定結果

| 県 | 構造 | 事業者数 |
|---|---|---|
| 岩手県 | 木造 | 16 者・グループ<br>（うち在来軸組工法 15 者・グループ、枠組壁工法 1 事業者） |
| | 鉄骨造 | 5 者・グループ<br>（うちユニット工法 1 事業者、輸入建材活用 1 グループ） |
| 福島県（第一次） | 木造 | 11 者・グループ<br>（うち丸太組 1 グループ） |
| | 鉄骨造 | 2 者・グループ<br>（うちユニット工法 1 事業者、プレハブ工法 1 グループ） |

注：福島県のうち、1 事業者は木造及び鉄骨造の両方を提案。

宅の性能については、プレ協規格建築部会の住宅のように鉄骨が内外とも露出してしまうものはなく、しっかりとした断熱性が確保できた。断熱性を含めた居住性能は、プレ協の住宅部会、つまり住宅大手メーカーが建てたものとほぼ同レベルであり、価格も比較的抑えられたことから、地元工務店等によるものはコストパフォーマンスが優れていた。

地元工務店等による仮設住宅建設のスピードは確かにプレ協よりは遅いが、それでも30日間の工期が45日間になる程度である。また、仮設住宅全戸数の発注に数か月かかる場合、一部の建設を公募選定事業者に回したとしても、早めの発注を心がければ仮設住宅全戸の完成の遅れは生じさせないようにすることができる。

また、特筆すべきは、プレ協会員企業に建設を断られた（！）条件の悪い団地でも、地元工務店等が建設を行ってくれたことである。これはもともと斜面地だった建設候補地2団地で、1か所は段々畑にして数戸ずつ仮設住宅を配置する必要のある団地、もう1か所はもとオートキャンプ場であったため、各キャンプサイトに戸建を1戸ずつしか配置できない団地であった。建設する側から見れば、非効率で手間のかかる場所であっただろう。それでも、地元の建設事業者は快く建設を引き受けてくれたのである。

## ☑輸入住宅を導入すべきか

今回の震災で、輸入住宅はあまり導入されなかった。岩手県で輸入建材による仮設住宅の建設が行われたのは、1グループの事業者50戸のみで、宮城県や福島県でもあまり事例はない。[*22] 国土

＊22　国土交通省の集計では、平成23年6月21日時点で岩手県及び福島県の発注を受けて、地元企業が建設するタイの資材を用いたものが１５０戸、中国の資材を用いたものが4百戸であった。このほか宮城県の町発注において、女川町（１８９戸）、山元町（１５９戸）、南三陸町（35戸）が輸入資材を用いた住宅となっているが、これらを合わせても1千戸程度である。

＊23　兵庫県『阪神・淡路大震災と建築行政等の記録』１９９７年1月、199ページ

交通省の窓口には、23の国・地域から計322件もの輸入建材による仮設住宅建設の提案が寄せられたのだが、採用はごく一部にとどまった。

岩手県では、国土交通省の窓口を通過したものも県の公募期間中に申込みができるように、被災3県では公募の締め切りを一番遅くし5月上旬までとした。十分門戸は開かれた状態にし、相当数の申込みも実際にあったのだが、採用されたのはわずか1グループのみとなった。

要因はいくつかあるが、輸入建材を扱う事業者の提案は、申請書類が整っていなかったり、プレ協の設計をベースに同様以上の住宅性能を求めたがそれを満たさなかったりしたほか、提案内容は基準を満たしていても提案価格が高かったことなどが挙げられる。

総じて言えば、輸入建材を扱う事業者よりも地元の工務店の方がしっかりとした提案がなされていた。唯一岩手県で採用された1グループの提案も、輸入建材を扱うものの、仕様は日本の仮設住宅にほぼ近い造りであった。

仮に輸入資材を扱う事業者の提案を多く受け入れたとした場合、日本人の生活にあうものかどうかという懸念や、数多くの輸入規制が建設の障害となり得た（阪神・淡路の際には、輸入規制に関する調整に多くの貴重な時間とエネルギーを取られてしまったと記録されている）[*23]。

また、実際に福島県において採択となった輸入住宅では、入居後に設備機器に多くの問題が生じた。汚水排水の詰まり、キッチンのシンクが小さすぎるといっ

**輸入資材で建てられた仮設住宅（岩手県大船渡市）**

たことのほか、暖房便座と便器の形状が合わないため便器ごと取り換えなければならないという問題も生じた。

日本で仮設住宅を建てる場合、例えば風呂釜が浅いというだけでも、とても入居者には受け入れてもらえないだろう。なにせ、追い焚き機能がないという苦情が多かったくらいである。日本の消費者は世界一厳しいと言われる。諸外国からの協力申し出は有り難いが、日本には日本の気候風土に合った仮設住宅を作らなければならないと理解してもらうよりないだろう。

国土交通省の「応急仮設住宅建設必携中間とりまとめ」では、「東日本大震災では、海外の住宅ユニットの提供について、22の国と地域から3百件を超える提案がなされたが、被災県で採用された提案は3件にとどまった」ことから、「東日本大震災の建設供給規模であれば、海外の住宅ユニットの供給は原則行う必要がない」と結論付けている。[*24]

＊24　国土交通省住宅局住宅生産課『応急仮設住宅建設必携中間とりまとめ』２０１２年５月

# 2章

# 仮設住宅の完成・避難所の閉鎖まで

## ――俯瞰して見てみる

# 1 仮設住宅建設の遅れと政府の対応

## ☑ 1か月経っても進まない仮設住宅建設

4月11日、震災から1か月を経過したが、仮設住宅の建設完了戸数は第1弾入居となった陸前高田市の36戸のみ。着工戸数は7454戸。当時必要とされた6万2290戸の12%に満たない。仮設住宅建設の遅れや資材不足などの問題が連日のように報道された。

着工戸数はともかく、完成戸数はあまりに少ない。しかも第1弾が4月1日に完成して以降、完成戸数はずっと36戸で止まったまま。次に完成するのも4月20日頃になる見込みで、あまりに遅い。4月7日には、岩手県における仮設住宅の完成・入居を震災から半年、つまり9月11日までに終える目標とすることを記者発表したのだが、4月14日の県議会議員による本部会議では、多くの議員から「半年以内という目標は遅い」と叩かれる始末。「宮城県は、半年から1年かかって言ってるんですけど」と泣きを入れたかったが、そうも言っていられない。

この時点では、プレ協規格建築部会で着工した団地の建設のスピードも上がっていなかったが、プレ協住宅部会にいたってはまだ着工にすら至っていなかった。規格建築部会は災害対応に比較的慣れており、現場事務所用の生産ラインを仮設住宅用に回すことにすればよいのだが、住宅部会は通常は仮設住宅とは全く仕様の異なる住宅建設を行っている。このため、仮設住宅の建設を行うとなれば、設計から始まり、資材の調達について関係各社と協議をし、一般住宅用の生産ラインを止めて仮設住宅用に切り替え…、と相当手間のかかる準備をしなければならない。

しかしながら、それにしても住宅部会による仮設住宅建設がなかなか始まらないことには、イライラが募った。住宅部会に発注するのはいっそのことやめられないのかと本気で考えたくらいである。立ち上がりに時間を要したことを踏まえ、今回のような大震災を想定した事前準備を進めておくなどの対策が必要と言えるだろう。

## ☑ 4月中旬からようやくエンジン全開

そのプレ協住宅部会が、岩手県ではようやく4月15日から着工できるようになった。一時期心配された資材不足の問題は4月中旬になると落ち着き、各社とも仮設住宅の生産体制が整って量産体制に入れるとのことであった。国土交通省からは、今後のプレ協による住宅生産の見込みに関する資料が送られてきた。それによると、4月から5月にかけて生産量は一気に加速し、5月末までに全国で3万戸を供給することが十分可能になるとのことであった。

4月16日には、当時の大畠国土交通大臣が来県。「用地を確保していただければ、資材は対応する」とのお話をいただいた。また、県においても応援職員が送られてきたことで現場確認体制が整ってきた。このため、県では、国土交通省から示された各週ごとの生産見込み量をもとに、4月中旬以降は毎週2千戸ペースで発注を行う計画を立てた。

とにかく、これから数か月が勝負。用地を確保して発注を6月中旬までに終えれば、7月中には建設を終えることができるだろう。そう見通しを立てて、4月16日以降は、報道機関に対して「7月末完成を目標とする」と説明することにした。報道に取り上げられ、事実上7月末が完成目標となった。

## ☑ 5月末までに全国で3万戸

国の方では、4月18日の参議院予算委員会で、大畠国土交通大臣が仮設住宅建設を「私の責任として5月末までに3万戸完成させる」と答弁。大臣自ら退路を断ち、5月末までに3万戸というのが国土交通省をかけての大目標になった。

国土交通省からは、被災3県に各週ごとの発注計画づくりを急ぐことが矢のように求められた。被災3県それぞれが1万戸建設すれば、3万戸に到達する。しかし、これは相当苦しい目標である。立ち上がりが遅かったせいで、岩手県が4月18日までに発注できた戸数は3748戸。1万戸は、遥か彼方である。ただ、用地確保体制が整ってきたので、毎週2千戸発注できれば、3週間後の5月初旬には1万戸に到達する。5月初旬までに1万戸を発注できれば、あとはプレ協に頑張ってもらうよりない。なんとか、5月初旬まで国土交通省のネジ巻きについていくこととした。

だが、冷静になって考えてみよう。仮設住宅が6万戸あるいは7万戸必要だとされている状況である。5月末に3万戸という目標は、そのうちの一部であり、途中経過の目標に過ぎないのだ。3万戸が完成したところで、すべての被災者が入居できるわけではない。県としては、7月末までに全戸完成させる、という最終目標を見据えながら、当面の建設加速に取り組むこととした。

誤算だったのは、4月までに確保した団地のうちの一部を5月発注予定の公募選定事業者に振り分けようと考えていたのだが、用地不足のためそれができなくなったことである。5月初旬までに当面の発注目標に近い9660戸まで用地を確保できたのだが、そのすべてをプレ協へ発注することとなった。

このため、公募選定事業者への発注はその後5月下旬までかかってしまい、公募選定事業者には早めに発注するという目論見が崩れてしまった。4月中に1万戸を超える分の用地が確保できればよかったのだが、それは叶わなかった。

5月末3万戸完成に向けて被災3県で精一杯建設推進に取り組んだが、結果としては5月末時点で2万5566戸の完成にとどまった。[*1] 岩手県と福島県の完成戸数は約7千戸で1万戸に届かなかったが、宮城県は1万1千戸を上回り、被災3県各1万戸の目標を唯一突破した。宮城県では、主に仙台平野で大規模な用地を確保できたことや、公募で選定した事業者への発注はせず粛々とプレ協に発注をしたことが、中間段階での目標達成には奏功したと言うことができる。

＊1　完成後に県の検査を受けた上で市町村に引き渡すため、会計検査院調べの5月末時点での設置戸数は2万1588戸となっている（177ページ）。

## ☑「5月末3万戸」の影響

「5月末までに3万戸」というのは、国土交通省、プレ協及び被災3県にとって一つの大きな目標となり、仮設住宅の建設スピードを加速させた。目標として、決して達成不可能な数字ということではなく、被災3県にとってもそれぞれおおむね1万戸という分かりやすい目標設定ができたため、取り組みやすかったとも言える。建設が本格的に進んでいったことは、被災者にとっても安心材料となったであろう。

一方で、3万戸をとにかく建てるということのために、盲目的にならざるを得なかった面もある。岩手県は公募選定事業者に発注する予定だった団地をプレ協に発注せざるを得なかった。また、宮城県や福島県も6月以降は仮設住宅の建設ペースが大幅に落ち込んだ。5月末3万戸という設定が中間目標であったがゆえに、その後の建設ペースの確保まではしっかりとした管理が行き届かず、結果として、仮設住宅全体の完成がこの目標設定によって早まるという効果は見られなかった。

5月末までに3万戸という目標は、結局約1週間遅れ、正確には6月13日になって達成された。低気圧の悪天候で工事が遅れてしまった影響もあったが、実際のところ、岩手県では造成が必要な団地が多く建設工事に手間取ったことなどが完成の遅れの主な原因と受け止めている。また、プレ協によると、建設工事に時間がかかった要因としては、以下の点が挙げられるとのことであった。

①団地規模が小さく効率が悪い

②遠隔地における建設であり、建設地に毎日往復が必要となるなど効率が悪い
③沿岸部でガレキ処理などによる渋滞が発生する
④造成が必要なところもある、場所によってはぬかるんでいるところもある
⑤外構工事に時間がかかる

このため、通常は3週間程度の建設工事の工期が、ほとんどの団地で4～5週間を要することになったのである。

ただ、「5月末で3万戸」の件については、6月に入ると首相の去就の方が大きな問題となり、完成の遅れについてあまり大きく取り扱われることはなかった。

## ☑「お盆の頃までに入居」という目標

大畠国土交通大臣の「5月末で3万戸」という目標とは別の目標もあった。多くの方がご存知の、「お盆の頃までに入居」という目標である。大畠大臣の答弁から間もない4月26日に、今度は菅首相が「遅くともお盆の頃までには希望者全員に入っていただけるように」と衆議院予算委員会で表明し、5月1日には参議院予算委員会で「お盆までにはすべての希望する方が入れるように、私の政権の責任、内閣の責任として実行する」とさらに踏み込んだ答弁があった。

これについては次の日に「私が強く指示すればやることができる、実現できると、そういう私なりの見通しの下でそう申し上げました」と答弁しており、政府内で事前調整をしていないことを明らかにした。

岩手県では、当時仮設住宅建設を7月末までに終える計画としていたので特に問題とならなかったが、福島県は9月末までかかる予定で、宮城県は見通しも立っていなかった。

「(4月)27日の政府と与野党の東日本大震災についての実務者会合で、国土交通省が27日の会合に提示した資料は『宮城県分は6月以降が未定』と明記。出席者から『首相の指示はその程度の受け止められ方なのか』などの批判が相次いだ。大畠章宏国交相も27日の衆院国交委員会で、首相発言を『事前に聞いていなかった』と説明した」[*2]とあり、当時の国の混乱ぶりは隠しようもなかった。

仮設住宅建設を終えてみて、未だに「お盆までに入居」というのが「首相が答弁しただけ」なのか「政府の目標」であったのか、よく分からない。ただ、「5月末3万戸完成」は、事業の実施量を評価するアウトプット指標であるのに対し、「希望者全員が入居」というのは、事業の実施により発生する効果を表す指標であり、より事業の成果を上げるという観点に立った目標設定ということもできる。

しかしながら、それでは何か動き出したかと言うと、「お盆までに入居」のための具体的な対策が示されるわけでもない。宮城県も福島県も、この目標については、結局白旗を上げざるを得ず、建設ペースが加速するようなことはなかった。宮城県においては、土地は内陸部には用意しているのだが、市町村が被災地に近い用地を望んでいるのでなかなか進まないという実情があった。国、県、市町村の歯車がかみ合わないまま、時が過ぎて行ってしまったのは残念なことであった。

＊2 「仮設入居、首相はお盆までと言ったが『6月以降未定』」日本経済新聞、２０１１年4月27日

# 2 民間住宅借上げというもう一つの選択肢

## ☑民間賃貸住宅の借上げによる応急仮設住宅

災害時に供与される応急仮設住宅は、従来から建設して供給することが基本とされている。災害救助法は、現物・現地での救助が原則である。[*3] かつては住宅不足の時代であったから、それは当たり前のことであったのだろう。

しかし、高度成長期を終え住宅不足は解消し、その後住宅ストックは世帯数より相当多くなり、近年では全国各地に空き家となった住宅ストックがある。住宅を供与するということからすれば、必ずしも建てることは必須ではなく、既存の住宅ストックを活用することでそれに代えることは十分可能である。

阪神・淡路大震災の際には、震災で住宅を滅失した被災者のうち、健康面で不安の大きい高齢者、障がい者等に対して災害救助法の特別基準による応急仮設住宅として、兵庫県、大阪府等が

＊3　宇南山卓「応急仮設住宅の建設と被災者の支援：阪神・淡路大震災のケースを中心に」RIETI Discussion Paper Series 12-J-011、独立行政法人経済産業研究所、２０１２年4月

借り上げた民間アパート等の賃貸住宅139戸が無償で提供された（光熱水費等は入居者負担）。なお、提供期間は原則として6か月だったが、住宅の確保状況等を勘案して、必要に応じて6か月を限度として延長された[*4]。

その後、中越地震では新潟県が174世帯、岩手・宮城内陸地震では宮城県が約20世帯に対して民間賃貸住宅の借上げによる応急仮設住宅の供与を行っている。

これらの借上げによる応急仮設住宅の供与は、建設した仮設住宅に比べれば数は限定的だった。供与のためには、県が民間賃貸住宅を探し、賃貸住宅のオーナーと契約した上で、被災者にまた貸しをしなければならず、1戸ごとに個別に契約を結ばなければならないため、県にとっての事務的な負担が大きかったものと思われる。また、阪神・淡路大震災の際は、入居の対象者が限定されたこと、中越地震や岩手・宮城内陸地震では持ち家比率が高く既存の賃貸住宅があまりない地方部での被災であったことも限定的な活用にとどまった背景にあるものと言えるだろう。

## ☑東日本大震災における民間賃貸住宅活用の拡大

東日本大震災においても、当初は、県が一旦借り上げた上で被災者に提供するという従来と同様の方式が考えられていた。しかしながら、借上げ手続の整備に時間がかかり、震災1か月を過ぎてしまった。一方で、既に被災者が賃貸住宅を探して自ら入居した例も相当ある。このため、借上げ手続を開始する際には、既に入居してしまった被災者の扱いをどうするかが問題となっていた。

＊4　兵庫県『阪神・淡路大震災に係る応急仮設住宅の記録』２０００年３月

この点については、県の福祉部局が厚生労働省と熱心に協議し、既に入居した被災者でも対象とする道が開かれた。4月30日の厚生労働省の通知において「発災以降に被災者名義で契約したものであっても、その契約時以降、県名義の契約に置き換えた場合、災害救助法の適用となって同法の国庫負担が行われる」ことが示されたのである。

これによって、応急仮設住宅の供与において、民間賃貸住宅の活用を図るための手続が大幅に改善されることとなった。これまでは、県が住宅を探して提供していたのだが、被災者が探して自ら契約したものでも構わないこととなったのである。被災者にとっては自らのニーズに応じて好みの住宅を探して入居することができ、県にとっては住宅を探す手間が省けることとなる。さらには、迅速性も増すことから一石三鳥くらいの効果がある。また、通知後ではなく既に自力で入居した者も含めて災害救助法の対象とされたことから、不公平も生じない。

「災害救助」という観点からすれば、自ら入居することのできた被災者に対して救助することとなってしまうのだが、厚生労働省がかなり踏み込んだ判断をしたものと言うことができる。東日本大震災対応で4月末に大型の補正予算が成立したことも背景にあるものと思われる。

ただし、厚生労働省の通知はあくまで『東日本大震災に係る』応急仮設住宅としての民間賃貸住宅の借上げの取扱」となっており、今後の災害においてもこうした特例がとられることを示したものではないことに留意しなければならない。この点は、民有地の借料、造成費等と同様である。

## ☑ 一気に広がった「みなし仮設」

さて、この民間賃貸住宅を借り上げて応急仮設住宅とみなす手法、被災者自ら探して、入居後に県と手続をすればよくなったことから「みなし仮設」という言葉とともに被災者の間に一気に広まった。4月22日には「自力入居も家賃無料」と当時の岩手日報に大きく報じられ、岩手県の対応が示されている。このとき既に厚生労働省から通知が出ることを前提に、事は動き始めていた。みなし仮設の事務は、岩手県においては保健福祉部が担当し、後に4月末に発足した県庁内の組織である復興局が担当することとなった。

岩手県内の活用状況は、5月8日時点で62戸であったのが、6月9日には1729戸となり、加速度的に伸びていった。大都市仙台を有する宮城県や、内陸部の福島市や郡山市などに避難者が多かった福島県では、さらにみなし仮設の活用が広がった。

被災者にとってのみなし仮設のメリットについては、以下のことが挙げられる。

①自分で入居する住宅を探して、好きな場所、好きな間取りを選ぶことができる
②建設する仮設住宅より広い
③建設する仮設住宅より、断熱性など住宅性能がよいものが多い
④2年間家賃が無料（後に期間は延長された）

こうして、みなし仮設は最終的には東日本大震災において約6万1千戸も活用されるに至った（各県別の供与実績は表2・1のとおり）。これは建設した仮設住宅の供与戸数約5万3千戸を大きく上回る数字となっている。また、被災者自らが探した民間賃貸住宅をみなし仮設とした戸数

表2・1　みなし仮設住宅の県別の供与実績

［単位：戸］

| | 岩手 | 宮城 | 福島 | 茨城 | 栃木 | 千葉 | 長野 | 計 |
|---|---|---|---|---|---|---|---|---|
| 平成24年3月末までに供与した戸数 | 3,992 | 26,050 | 28,029 | 1,592 | 906 | 621 | 162 | 61,352 |

注：宮城県の戸数は、平成24年3月末時点での入居戸数である。　（会計検査院調べ）

の割合は会計検査院の調べによると92・7%、つまりほとんどを占めていた。[*5]
みなし仮設の弾力的な運用は、被災者の住宅確保に大きく貢献したと言うことができる。

## ☑デメリットもある「みなし仮設」

一方で、みなし仮設のデメリットについては、以下のことが挙げられるだろう。
①被災地に近い場所に賃貸住宅がない場合、遠くに転居する必要がある
②被災世帯それぞれが個別に選んだ住宅に入居するため、建設した仮設住宅に比べ所在が把握しにくく、地方公共団体、支援団体等からの情報提供に難がある。
③個別の入居であるため、被災者同士で交流や情報交換を行う機会が、建設した仮設住宅に比べて少ない
④2年間経過後は家賃を払うか、転居しなければならない（後に期間は延長された）
①の点については、特に岩手県と、宮城県及び福島県の違いが顕著であった。岩手県の沿岸部の都市はリアス式海岸で山に囲まれた地形であり各都市の独立性が高く、また内陸部からはかなり離れた場所に位置する。沿岸部は持ち家中心の住宅ストックであった上に、甚大な被害を受けて賃貸住宅ストックはあまりなかった。
これに対し、宮城県は仙台を中心とした都市圏が広く形成されており、他市町村への転居に比較的抵抗感が少ない。仙台市などは賃貸住宅ストックが豊富である。また、福島県では原発の影響で内陸部等への転居が必要となったが、内陸には福島市、郡山市など比較的規模の大きな都市

＊5　会計検査院『東日本大震災等の被災者を救助するために設置するなどした応急仮設住宅の供与等の状況について』2012年10月

があり賃貸住宅ストックの活用が可能であった。

被災3県の傾向を総じて言うと、岩手県の被災者は遠くへ転居したがらない、宮城県の被災者は遠くへの転居に比較的抵抗感が少ない、福島県の被災者は遠くへの転居を余儀なくされた、という3県3様の状況だった。このため、岩手県のみなし仮設の活用戸数は、他の2県より一桁低い数字となっている。

## ☑「みなし仮設」は情報過疎になりやすい

②については、既に報道などでも取り上げられている。建設した仮設住宅では、団地単位で被災者が入居し、隣近所も被災者である。また、市町村が入居や維持管理の対応を行っているため、市町村が被災者の入居状況を把握できており、情報伝達も団地の自治会長さんを通じて、あるいは玄関へのポスティングなどで行うことが容易である。

これに対して、みなし仮設は、被災者が個別に、例えばアパートのうちの1室に入居しており、被災者が一緒に入るというよりは、周りは一般の方で隣近所はこれまで全くつきあいのない人たちということになる。行政の方も、被災者対応は建設した仮設住宅の方に目が向きがちで、みなし仮設まではなかなか手が回らない。福祉団体、ボランティアなど被災者を支援する組織も同様である。

支援団体が支援をするためにみなし仮設を回ろうとしても、地方公共団体の個人情報保護が壁になってしまう。ちりぢりばらばらになってしまった被災者の場所。被災者がどこにいるのか情報提供を受けられなければ、支援をしたくても支援のしようがない。

建設した仮設住宅では、被災者同士のつながりでコミュニティが生まれるし、周りも被災者、困ったときはお互い助け合いという安心感があるが、みなし仮設ではそうはいかない。

さらには、被災したまちの復興を考えるとき、建設した仮設では団地内の集会所などで行政と被災者とのやりとりが行われるが、みなし仮設では被災者が集まることにも困難が伴う。被災者同士のつながりが薄いので、誰かに伝えればそれが広がっていくということも期待できない。高台への移転方法として防災集団移転という手法が検討されているが、防災集団移転というのは基本的に集団で集まって合意ができて移転が成立するものであり、合意のしやすさという点では、建設した仮設とみなし仮設とでは雲泥の差が生じることとなる。

みなし仮設の情報過疎の問題については、平成24年になって岩手県が、支援活動に取り組む民間団体にも条件付きで個人情報を提供する方針を決め、また災害時における情報提供について本人同意は必ずしも義務づけないこととした。行政で行える被災者支援には限界があり、支援団体との連携が不可欠である。より柔軟に運用し、官民挙げて被災者につながるネットワークづくりを進めていくことが必要だろう。

## ☑いつまで入居可能か分からない

みなし仮設について、いくつかデメリットを書いたが、大きな問題が別にある。みなし仮設の制度、これまでは限定的な運用であったが、東日本大震災においては手続の見直しによって、大々的に使われることになった。その点では、今回初めて本格的に運用される制度といっていい。

実は、この初めて本格的に使われる「みなし仮設」制度、終わりがはっきりしないのだ。厚生労働省が震災後の4月30日に示した通知によると、「応急仮設住宅供与としての民間賃貸住宅借上げ予定期間は、2年間とする」と示されていた。建設した仮設住宅の設置期間が原則として2年3か月であるから、それにならったものであろう。

しかしながら、今回の震災の被害は並大抵のものではなく、2年で次の入居先が見つけられるとは到底考えられない。震災直後の時点で判断がつきかねる状況だったというのは分かるが、それにしても2年というのは短かった。

その後、被災県及び市町村において復興計画づくりが進められたが、多くの復興計画はその期間を5年以上としている。被災地が復興し、すべての被災者が次の住居を確保できるまでには、5年以上かかることが明らかになってきたのである。

復興が進まなければ、被災者の次の行き先がない。被災者の不安の声に対応し、政府は平成24年4月に、みなし仮設の期限を2年から3年に延長することとした。一定の前進であるが、しかしながら、なぜたった1年の延長だったのだろう。各市町村の復興計画は5年以上。整合がとれていない。

今後も、みなし仮設の期間は延長していかざるを得ないと考えられるが、いつ終わりになるのか分からないという不安定な状態が続くことになってしまうのだ。そして、復興まちづくりの進展により被災者の移転が進めば、みなし仮設の運用をいつの日か打ち切りにすることになろうが、家賃の負担というお金のからむ話なので、難しい判断をせまられることになる。

ちなみに、建設した仮設の方は、設置期限を延長したとしても、費用はほとんどかからない。多少のメンテナンス費用がかかるだけである。建築基準法の特例で1年ごとに更新できる、と定められているため、仮設住宅自体ガタが来なければ、しばらくは使い続けることができ、被災者も入居を継続することができる。入居継続という観点から見れば、建設した仮設の方が被災者に対して安心感を与えられるということができる。

## ☑事務処理に追われる県

「みなし仮設」は被災者が自ら入居する住宅を決められることにより、住居の選択の自由が広がったが、その契約は1件1件ということになる。みなし仮設が6万戸あれば、6万件の契約件数だ。みなし仮設の広がりとともに、被災県ではこの膨大な事務処理に追われることとなった。

事務処理の遅れで、家主に払われるべき家賃の県による「滞納」が深刻化してしまった。震災後半年の9月時点で宮城県内の入居決定件数のうち2万3360件のうち、家賃の支払いを終えたのは、なんとたった2172件で10%にも満たなかった。[*6] 普段公営住宅の家賃を集めている県が、家賃を滞納するとは不条理である。また、県等が仲介手数料を2回負担しているなどの不合理な事態について、会計検査院の指摘を受けた。毎日新聞の調べによると、その数はなんと1万件、払い過ぎの額は2・5億円にも上るとされた。[*7] 払いすぎていれば、今度は返してもらうための事務処理が必要となる。悪循環の極みであろう。

さらに、当初は2年間という契約期間だったため、3年への期間延長により、被災者がそのま

＊6 「借り上げ仮設家賃／宮城県の『滞納』深刻化」河北新報、2011年9月26日

＊7 「みなし仮設／仲介料二重払い…被災3県で2・5億円無駄に」毎日新聞、2012年10月5日

までであるとして今度は6万件分の更新手続が必要となったのだ。

極めて大変な作業だ。家主、入居者それぞれの意向を確認して個別に処理を行っていかなければならない。2年を3年に延長したが、なぜ4年や5年でなかったのだろう。1年ごとの更新だと、2年ごとの更新の2倍、3年ごとの更新の3倍、事務を行わなければならないことになる。今後も1年ごとの更新だとすれば、契約処理を行わなければならない県には、あまりに気の毒な話である。

## ☑安くつくのかは分からない

「みなし仮設」の利点の一つは、費用が安くつくこととされる。平成24年10月の会計検査院の報告書では、建設した仮設住宅は戸当たり628万円、撤去費等を含めればそれ以上かかるのに対し、みなし仮設は、2年間の家賃に加え敷金、礼金等の諸費用を含めても183万余円で、供与に要する費用が経済的であるとしている。

しかし、それはみなし仮設の設置期限が2年で済めば、の話である。既に3年に延長することが決定しており、みなし仮設の設置費用は少なくとも3年間、約270万円ということになる。さらに言えば、復興が3年で終わる見込みはないのだから、この費用で終わらせるということは、被災者が行き先を失うということになる。

仮に復興期間が5年間、その期間はみなし仮設を設置するとすれば、約450万円。復興がさらに遅れれば、それ以上に費用がかかることとなる。現時点では経済的かどうかは分からないとしか言いようがない。

また、「東日本大震災のみなし仮設のケースでは、当初は7万2千戸としていた必要戸数は、多くの自治体が『自らの資力をもってしては他に居住できる住家を確保できない』ことを条件としたが、最終的には11万9千戸まで供与範囲が拡大している。すなわち、経済支援を必要としない世帯まで支援対象が拡大した可能性が高い」とする指摘もある。[*8]

つまり、7万2千戸だった応急仮設住宅必要戸数が、みなし仮設の柔軟運用により大幅に増えてしまったのではないかということである。結果として応急仮設住宅入居対象者が広がってしまったとなれば、みなし仮設の費用と建設仮設の費用を単純比較すること自体、意味がないことになる。

みなし仮設の柔軟運用により、建設仮設は最終的に約2万戸抑制することができ、その費用は1256億円以上にのぼるが、一方で、みなし仮設の供与戸数は約6万戸に達し、その費用は2年間でおおむね同額、3年となると1256億円を上回るのは確実だ。このように比較すると、安くついたとはとても言えなくなってしまう。

さらに大きな課題として挙げられるのは、被災者が自力で賃貸住宅を見つけられたということは、自らの資力で家賃を払って居住することができたとも考えられ、「自らの資力をもってしては他に居住できる住家を確保できない」という災害救助法の要件に当てはまるのかどうか、という懸念が生じることである。

会計検査院の報告書では、「民間賃貸仮設住宅をより積極的に活用するべきと思料される」と結論づけているが、みなし仮設の採用については、これまで述べたように数多くの問題点があるた

＊8　宇南山卓「応急仮設住宅の建設と被災者の支援：阪神・淡路大震災のケースを中心に」RIETI Discussion Paper Series 12-J-011、独立行政法人経済産業研究所、２０１２年４月

め、様々な観点を踏まえて検討することが必要であると考えられる。

## ☑家賃補助化ができるか

1件、1件契約することによる膨大な事務作業、見通し不明の設置期限、設置期限が延長されることによりさらに発生する膨大な事務作業…。みなし仮設の運用は緩和されたが、問題をかかえたまま走り出していることは論を待たない。現時点では、多くの問題について改善される見込みがあるわけではないが、改善の方法の一つとして会計検査院は「金銭を支給して行うという選択肢も有力な方策の一つ」としている。つまり県が借り上げるという体裁を整えることに膨大な時間を費やすより、家賃補助の形にした方が手っ取り早いであろう、ということである。

このことは、複数の県等から意見が出されたと報告書に記されているが、災害救助法は現物支給を原則としていることとの整合性が問題となる。災害救助法は震災直後の物資不足に対応して被災者を救済することを目的としており、被災者自らが家を見つけられるという時点で、災害救助法の範疇ではなくなっているとも言うことができる。

一方で、東日本大震災のような大規模な災害においては、地方公共団体が現物を被災者に供与するという原則だけでは対応できない上、被災者の救済に中長期的な視点も必要となる。

今後、中長期的な視点を持った「みなし仮設」の家賃補助化ということも大きな検討課題とする必要があるだろう。

# 3 仮設住宅の完成と避難所の閉鎖

## ☑減少した建設仮設の需要

さて、みなし仮設の話が長くなったが、建設する仮設の方に話を戻そう。震災直後の混乱が一段落し、被災市町村においては、建設する仮設住宅への入居申込み手続が開始された。岩手県内では、4月以降それぞれの避難所に仮設住宅申込み受付の掲示がされ、市町村は被災者の入居希望、家族構成、年齢や要介護の状態などを把握しながら、受付を行っていった。

県においては、各市町村の申込み状況について連絡を取って把握していったのだが、どうも市町村の反応がさえない。どうしたのか聞いてみると、申込み数が思ったほど伸びないというのである。釜石市の入居見込み数は当初5千戸だったが、実際の申込み数は3212世帯。陸前高田市では同じく4千戸を見込んでいたが、申込み数は2129世帯（いずれも5月6日時点)。どうしたことかと市町村担当者も戸惑っている様子であった。

この時点では、みなし仮設は本格的な広がりを見せていなかったため、必ずしもそれが原因ではない。原因については他を考えなければならないが、まず避難所にいる被災者のうち自宅に戻ることも可能であった被災者もいたであろう。また、自宅の改修で戻る、民間の賃貸住宅や空き家を見つけて入居する、親戚等と同居するなど、建設する仮設住宅に入居する以外の方法を見つけて申込みを行わずに済んだ被災者も多かったのではないかと考えられる。

岩手県では、必要戸数の下方修正を行う作業を4月下旬から行うこととし、5月6日時点で県内市町村の申込み世帯数は1万2781世帯であることを把握した。この数字をもとに、必要戸数を1万4千戸に改めることとし、5月9日に記者発表したのである。

## ☑必要戸数1万4千戸の算出の仕方

必要戸数の見直しは2度目になるので、今回はさすがに当てにいかなければならないだろうと考えていた。2度目の見直しでは実申込み世帯数が把握できていたため、これまでより数字の設定はしやすかった。1万4千戸という数字は、申込み数より多いのだが、これはまだ申込みを行っていない被災者もいるであろうことを加味している。また、阪神・淡路大震災の教訓を踏まえ、低い方に外すわけにはいかないということも考慮した。

このとき、1万4千戸の根拠については、以下の2通りで整理している。

●**算出方法1**
市町村への申込み世帯数1万2781世帯＋余裕戸数＝約1万4千戸

●**算出方法2**：新たに住宅を必要とする世帯からの差し引き
・新たに住宅を必要とする世帯……………約2万世帯
・建設する仮設住宅以外への入居割合……3割（約6千世帯）
　うち公営住宅等………………………………7百世帯
　内陸又は県外へ………………………………3百世帯
　自宅改修…………………………………………2千世帯
　民間賃貸住宅、親戚等と同居……………3千世帯
・必要戸数　2万世帯×7割（建設する仮設住宅への入居割合）＝1万4千戸

算出方法を比較すると、算出方法1による算出は容易であるが、算出方法2による算出は、仮設住宅以外の選択肢についての推定が多く難しい。公営住宅等への入居は実数で把握できるが、それ以外の数字の把握はできないため、いくつか寄せられる情報、自宅改修相談の件数などをもとに推測するよりない。算出方法1の数字がはじけるのであれば、こちらの数字をもとにするのが確からしいであろう。

一方で震災直後は、算出方法1による方法がとれない。岩手県でも、当初の必要戸数8800戸は〈新たに住宅を必要とする世帯数×5割〉という計算ではじいており、第1回の見直しも〈新

たに住宅を必要とする世帯数×9割〉と、算出方法2に基づいてはじいている。

震災直後は、算出方法1ではじくことができないのだから、新たに住宅を必要とする世帯からの差し引きを行う算出方法2で行うしかない。国土交通省の「応急仮設住宅建設必携中間とりまとめ」では、被害想定に基づく仮設住宅建設の必要戸数をおおむね算出方法2と同様に、以下のように設定している。


仮設住宅建設の必要戸数＝住宅の供与が必要な戸数－公的住宅（公営住宅やＵＲ賃貸住宅等）の想定戸数－自宅の応急修理、再建が可能な想定戸数－民間賃貸住宅（借上仮設）の想定戸数

ただし、この方法はどうしても推測をまじえた計算になる。このため、震災後に、実申込み数を把握することが可能になれば、算出方法1にシフトしていくことが適切であろう。この場合、算出方法2については、平時や震災直後における必要戸数の算出に用いることとし、算出方法1にシフトした後は被災者の行き先について検証を行う使い方とするのがよいものと思われる。

なお、算出方法2を用いた入居世帯数の想定については、後ほど「平時から災害に備える」の項でも触れることとしたい。

## ☑1万4千戸の早期完成に向けて

岩手県では、建設する仮設住宅の数字を5月上旬に1万4千戸とすることで固めるとともに、完成目標を7月上旬に前倒しした。いよいよ全戸の完成を視野に入れ、その後の発注計画を練ることとした。この時点では先述のとおり約1万戸の用地を確保し、プレ協に発注済であり、残りの必要戸数は4千戸ということになる。

5月上旬には、公募によってプレ協以外の仮設住宅建設事業者が選定されたことから、建設態勢は盤石のものとなった。県では、残り4千戸のうち、2500戸を公募によって選定された建設事業者に建設してもらうこととした。

残り4千戸すべてを公募選定事業者による建設をしなかったのには理由があった。用地は市町村の努力によって候補地が積み上がりつつあったが、平地が少ない沿岸部の事情を反映し、残り4千戸のうち相当数が敷地を造成しなければ仮設住宅の建設ができない傾斜地となることが見込まれた。一方で、公募によって選定された事業者は地元の小さな工務店なども含まれ、造成工事まで引き受けてもらうと建設工事の大幅な遅延が生じるおそれがあった。

このため、造成工事が必要となる団地や、時期的に最後に発注する団地など、スピードを重視しなければならない団地はプレ協に発注することとし、それ以外の団地を公募選定事業者に発注する計画としたのである。

ただし、前述のとおり、5月末までに3万戸というノルマ達成の影響で、公募選定事業者に建設を担ってもらおうと考えていた比較的小規模で整地の容易な候補地は、すべて4月中にプレ協に発注せざるを得なくなり、5月の用地探しはいばらの道となった。

市町村が挙げてくる候補地は、5月に入るとそれまでに比べかなり条件の悪い土地にならざるを得なかった。平らで整地すればすぐ使えるような条件の良い土地というのはもう出尽くしてしまったのである。候補地の敷地規模もだんだん小さくなり、1団地当たりの建設戸数は少なくならざるを得なかった。建設候補地1か所を見つけるための手間は敷地規模によらずほぼ同じであるので、敷地規模が落ちるとどうしても用地確保のペースも落ちてしまう。建設地を確定して事業者に発注するペースが4月中は毎週2千戸だったのだが、5月に入るとペースダウンし、毎週1千戸にも届かなくなってしまった。

5月9日、公募で選定した事業者21者・グループを集め、仮設住宅建設の説明会を行ったが、その場で、候補地集めに苦慮していることを説明した。仮設住宅の建設は団地の規模が広いほど効率的で経費もかからないが、そんな条件のよい団地はほとんどなく、敷地規模は1団地に20～30戸の仮設住宅を建てられるのがせいぜいで、実際にはもっと規模の小さい団地も多くならざるを得なかった。条件の悪い団地での仮設住宅建設を公募で選定した中小の工務店にお願いしなければならなかったのは心苦しかったが、そのことについて不満を言う建設事業者はいなかった。被災者に住宅を届けるという仕事を担うことを建設事業者の使命ととらえ、どの事業者も懸命に取り組んでくれた。

そのおかげで、5月中には公募選定事業者への２５００戸の発注を終えることができた。残り１５００戸は遅くとも6月中にプレ協に発注できれば、7月中に仮設住宅の建設を終えることができる。仮設住宅建設完了への道筋が見えてきたのである。

## ☑最後の苦しみ

仮設住宅建設の苦しみも峠を越したかに思えたが、建設完了への道はやはり易しい道ではなかった。

まず、公募で選定した事業者のうち、輸入資材を扱う事業者がつまづいた。中国からの輸入トラブルで資材が思うに確保できないというのである。時間はズルズルと過ぎていくばかりだった。さすがにこれはまずいと考え、建設の見通しの立たない団地については、建設を断念するよう事業者を説得した。建設工事はプレ協に切り替えることとしたが、建設候補地の選定から建設断念まで1か月。その分完成が遅れることとなってしまった。

さらに6月に入り、市町村ごとに用地の確保はそれぞれ最終段階に入ったが、これがなかなか進まない。マラソンで言えば、40km地点での苦しみだ。ここではあえて実市町村名を記すが、山田町では町が仮設住宅団地の造成工事を発注したが、造成工事がなかなか進まない。宮古市では、校庭に仮設住宅を建てる代わりに代替グラウンドを確保することになったのだが、そのグラウンドの整備が進まず、校庭に手がつけられない。釜石市は校庭に仮設住宅を建てない代わりに民有地の確保に努めたが候補地が底をつきつつあり、陸前高田市、大槌町からは、申込み数を超えて候補地を見つけるのは困難だ、という泣きの声が入った。

震災以降どの市町村も必死だった。3か月を経過し、心労は相当なものであっただろう。しかし、泣きの声に同情してしまえば、困るのは被災者である。仮設住宅建設が残っていた6市町には最後の踏ん張りを求めることとした。「本当に被災者を早く入居させたいと思っているんですか」「やってますよ、必死で。県だってこちらの状況を理解してもらわないと困ります」こんな丁々発止の喧嘩まがいの会話で、各市町とはギリギリの調整をした。

各市町には、いつまでに何をしなければいけないかをはっきりさせた。山田町では造成工事の完成時期を決めさせ、それより遅れれば、県がプレ協に依頼して造成工事に乗り込む、と通告した。宮古市も校庭を使わせてもらう期日を決め、これが守られなければ市長にかけあう、と通告。釜石市には、用地が見つけられなければ、校庭に建てることをも辞さないと伝え、陸前高田市や大槌町には、仮設住宅が足りなくなったら大変だから、何としても用地を見つけてくれと説得した。

県と各市町の必死の取組の結果、6月21日までに、県内で必要となる仮設住宅約1万4千戸すべての着工にたどり着くことができた（はずであった）。

## ☑相次ぐトラブル

ところが、ところが。各団地の進捗状況を確認すると、仮設住宅の本体工事に入っていない団地がある。どういうことかと調べてみると、団地内の電柱の移設が必要だったり、建設工事のためには水路に橋をかけなければいけなかったり。公募選定事業者からは、浄化槽が手配できない、人手が足りないなどといった報告が入った。

その都度、造成工事の工程の切り詰め、公募選定事業者の資材・人材確保について調整を図るなど、県も対応に追われた。

最後の極めつけは、山田町からの仮設住宅が足りなくなりそうだ、という報告だった。山田町では仮設住宅申込みの追加募集をしたところ、約80戸仮設住宅が不足する事態になったのである。戸数が足りないとの報告は、仮設住宅の全戸着工（をしたはずだった）後の7月に入ってからだった。

仮設住宅の申込み受付が遅い上に必要戸数を見誤った山田町のミスであるが、だからといて、「もう仮設住宅の建設受付は終了しました」なんて言うことはできない。入居要件を満たす被災者がいれば、受け入れなければならない。山田町には追加の建設地のリストアップを依頼し、急遽7月20日に１５０戸を追加着工することとした。

## ☑「お盆の頃までに入居」に向けて

こうして、岩手県は、7月上旬完成という県の目標の達成はならなかったが、被災3県の中では唯一、時の首相が目標に掲げた「お盆の頃までに全希望者が入居」については見通しが立ってきた。

最後の問題は、完成後、本当に被災者が入居してくれるかである。仮設住宅は建てただけではダメで、被災者が入居して初めて用をなす。入居手続を速やかに行うことはもちろんだが、実はもう一つポイントがあった。

東日本大震災では、世界から集められた寄付金を原資に、日本赤十字社が仮設

家電６点セット、テレビはテレビ台つきのものも

住宅等に入居する被災者に家電製品を寄贈することとなった。洗濯機、冷蔵庫、テレビ、炊飯器、電子レンジ、電気ポットの6点セット、計約20万円相当である。確かに被災者は家を流され、家財道具一切合財ない状態からこれからの生活を始めなければならない。被災者にとっては大変有難い話だった。

ところが、である。その家電がなかなか送られてこないのだ。家電搬送に1か月を要していて、仮設住宅が出来たはいいが被災者が入居できない、という「完成在庫」が発生していた。岩手県では7月1日時点で完成戸数が9919戸に対し、入居済戸数が7181戸。3千戸近くの仮設住宅が完成したままの状態となっていた。

県でも対策は講じた。完成から入居までの期間をできる限り短くすべく、仮設住宅が完成してから入居者を決めるのではなく、完成前に入居者を決めて、家電搬入の手続をするよう市町村にフロー図を配布して促した（図2・1）。しかし、それでも市町村における手続の遅れ、仮設住宅の建設の遅れによる行き違い、いくら待っても送られてこない家電。混乱はしばらく続いた。

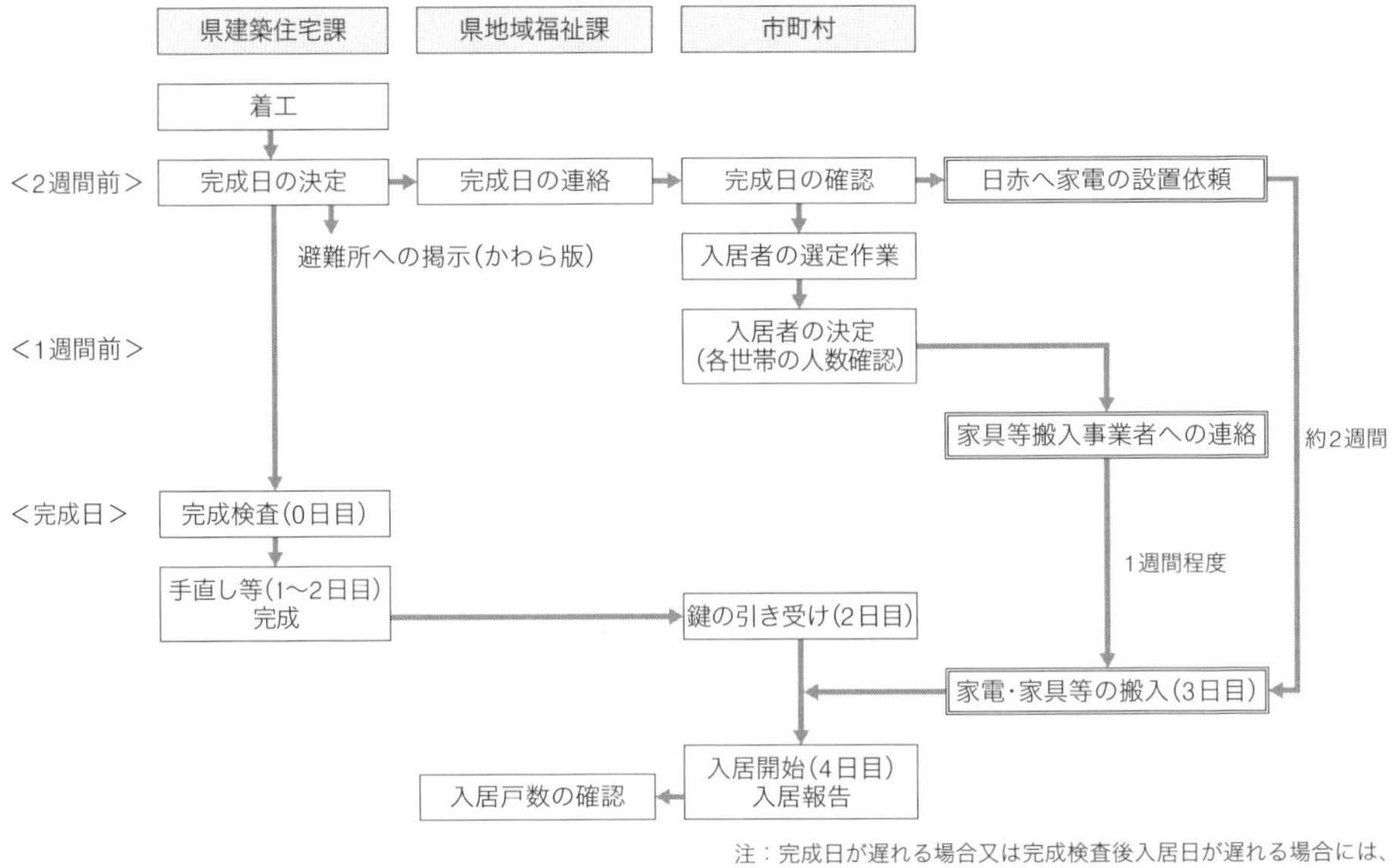


注：完成日が遅れる場合又は完成検査後入居日が遅れる場合には、建築住宅課から地域福祉課及び市町村に連絡を入れる。

図2・1　岩手県が各市町村に配布した仮設住宅着工から入居までのフロー（出典：岩手県資料）

## ☑避難所が解消されなかった阪神・淡路

そんな状況の中、仮設住宅の完成イコール避難所の閉鎖となるのか、不安があった。実は、先例である阪神・淡路大震災では、仮設住宅の建設を終えたものの、避難所が実質的に解消されなかった。阪神・淡路大震災で仮設住宅の建設が完了したのは震災7か月後の8月11日で、8月20日にはすべての避難所を閉鎖したとあるのだが、形だけの閉鎖で、翌21日には待機所を開設したほか避難所も一部は旧避難所となるだけで、神戸市内で4815人もの避難者が残ってしまったのである。また、避難所閉鎖の方針に避難者側の避難所連絡会が反対を表明するという対立が起きていた。

兵庫県が仮設住宅4万8300戸の設置を完了した後も、居住地から遠い仮設住宅を中心に空き家が約2千戸に上った。「子供を転校させたくない」「地元で商売をしている」など様々な理由で、郊外の仮設住宅は敬遠された。このことについては、『阪神・淡路大震災における避難所の研究』[*9]に詳しく記されている。[*10]

神戸市内の避難者数は12月時点でも約1千人、震災2年後でも約2百人が残り、平成9年4月には待機所から旧待機所に名前を変えて存続し、震災約4年後の平成10年12月17日に旧待機所が解消されたが、その後も公園に旧避難所が残ってしまった。あまりに不条理な避難所の末路と言わざるを得ない。

郊外ばかりに仮設住宅を建設し、避難者に対してはひたすら退去を迫るばかりの姿勢が、いつまで経っても避難所が実質的に解消されないという結果を招いてしまったのである。寒冷地の東

＊9　柏原士郎・上野淳・森田孝夫『阪神・淡路大震災における避難所の研究』大阪大学出版会、1998年

＊10　同書には、「結果的に行政の見通しが甘く、対策も不十分であったといわれても仕方がないであろう。避難者が退去しない、あるいはしたくてもできない理由に十分配慮せずに避難者に退去を迫り、応急仮設住宅に入居させて表向きの避難者数を減らしても、問題を解決したことにはならない。避難者の切実な声や、兵庫県被災者連絡会が避難所廃止に反対する理由にもう少し耳を傾け、避難者の視点から問題を考えることにより見えてくることもあるはずである」と記されている。

北では公園で冬を越すことは困難であり、気候が温暖な兵庫県と一概に比較することはできないが、このようなことは繰り返してはならない。

## ☑岩手県内の避難所の閉鎖

岩手県における仮設住宅の建設完了はお盆前の8月11日になることがプレ協や公募選定事業者の工程表で確認できた。家電さえ入れば、被災者は入居でき、避難所は閉鎖されるだろう。しかし、いざ被災者を入居させたら仮設住宅が足りなかったという事態が発生しないとも限らない。あとは市町村の入居対応が的確に行われることを信じるよりなかった。

市町村における入居手続は、7月に入ると改善に向かった。5月、6月の混乱を教訓に、仮設住宅の建設最終期には、仮設住宅が完成後速やかに家電製品が搬入され、被災者がすぐに入居できるようになっていった。

被害の大きかった岩手県内6市町のうち、宮古市、釜石市、大槌町、陸前高田市の避難所はいずれも8月12日までに閉鎖された。大船渡市と山田町の避難所の閉鎖はやや遅れたが、それでも大船渡市

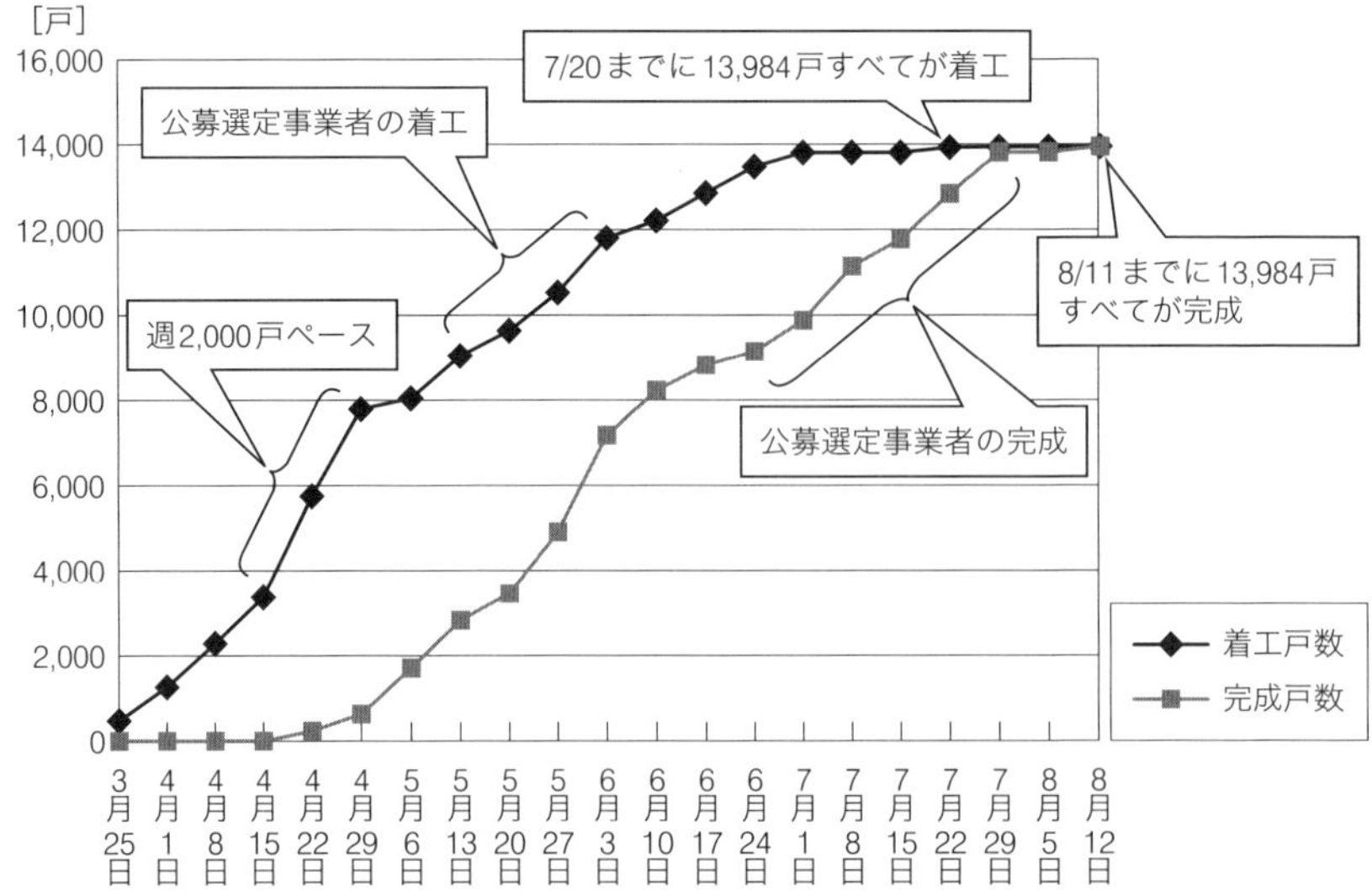


**図2·2　岩手県における応急仮設住宅建設の推移**（出典：岩手県『東日本大震災津波対応の活動記録—岩手県における被災者の住宅確保等のための5か月間の取組み』2011年）

表 2･2　応急仮設住宅等の建設状況（平成 23 年 11 月時点）

［単位：戸］

| 市町村名 | 住戸数 | うちグループホーム戸数 | 団地数 | 規格建築部会設置住戸数 | 住宅部会設置住戸数 | 公募選定事業者[注]設置住戸数 | 集会所設置数 | 談話室設置数 | 高齢者等サポート拠点設置数 |
|---|---|---|---|---|---|---|---|---|---|
| 宮古市 | 2,010 | 0 | 62 | 992 | 801 | 217 | 8 | 20 | 0 |
| 大船渡市 | 1,811 | 10 | 39 | 1,467 | 217 | 127 | 9 | 13 | 0 |
| 久慈市 | 15 | 0 | 2 | 10 | 0 | 5 | 0 | 0 | 0 |
| 陸前高田市 | 2,168 | 20 | 53 | 1,266 | 382 | 520 | 4 | 7 | 0 |
| 釜石市 | 3,164 | 0 | 50 | 1,939 | 494 | 731 | 1 | 26 | 3 |
| 大槌町 | 2,146 | 40 | 48 | 882 | 813 | 451 | 8 | 17 | 2 |
| 山田町 | 1,990 | 50 | 49 | 895 | 921 | 174 | 5 | 22 | 1 |
| 岩泉町 | 143 | 0 | 3 | 143 | 0 | 0 | 1 | 1 | 0 |
| 田野畑村 | 186 | 0 | 3 | 50 | 94 | 42 | 2 | 0 | 0 |
| 洋野町 | 5 | 0 | 1 | 0 | 5 | 0 | 0 | 0 | 0 |
| 野田村 | 213 | 0 | 5 | 128 | 0 | 85 | 1 | 2 | 0 |
| 住田町 | 93 | 0 | 3 | 0 | 0 | 93 | 0 | 0 | 0 |
| 遠野市 | 40 | 0 | 1 | 0 | 0 | 40 | 1 | 0 | 0 |
| 計 | 13,984 | 120 | 319 | 7,772 | 3,727 | 2,485 | 40 | 108 | 6 |

注：公募選定事業者には、住田町及び遠野市の独自建設分を含む。

（出典：岩手県『東日本大震災津波対応の活動記録―岩手県における被災者の住宅確保等のための 5 か月間の取組み』2011 年）

表 2･3　事業者別の団地の状況

| 市町村名 | 規格建築部会 7,772 戸 3/9 ～ | | 住宅部会 3,727 戸 4/15 ～ | | 公募選定事業者[注] 2,485 戸 5/9 ～ | | 計 13,984 戸 | | | |
|---|---|---|---|---|---|---|---|---|---|---|
| | 公有地 | 民有地 | 公有地 | 民有地 | 公有地 | 民有地 | 公有地 | 民有地 | 民有地率 | 全団地数 |
| 宮古市 | 15 | 0 | 21 | 14 | 10 | 2 | 46 | 16 | 25.8% | 62 |
| 大船渡市 | 15 | 5 | 10 | 6 | 2 | 1 | 27 | 12 | 30.8% | 39 |
| 陸前高田市 | 15 | 3 | 3 | 11 | 2 | 19 | 20 | 33 | 62.3% | 53 |
| 釜石市 | 7 | 17 | 6 | 4 | 7 | 9 | 20 | 30 | 60.0% | 50 |
| 大槌町 | 3 | 16 | 0 | 13 | 1 | 15 | 4 | 44 | 91.7% | 48 |
| 山田町 | 10 | 10 | 6 | 16 | 0 | 7 | 16 | 33 | 67.3% | 49 |
| その他の市町村 | 5 | 1 | 1 | 1 | 8 | 2 | 14 | 4 | 22.2% | 18 |
| 計 | 70 | 52 | 47 | 65 | 30 | 55 | 147 | 172 | 53.9% | 319 |
| 民有地率 | 42.6% | | 58.0% | | 64.7% | | | | | |
| 1 団地当たり戸数 | 63.7 | | 33.3 | | 29.2 | | | | | |

注：公募選定事業者には、住田町及び遠野市の独自建設分を含む。　（出典：表 2･2 に同じ）

表 2･4　各住戸ごとの入居戸数（平成 23 年 10 月 7 日時点）

| 市町村名 | みなし仮設（民間賃貸） | 県営住宅 | 市町村営住宅 | 国家公務員宿舎 | 雇用促進住宅 | 小計 | 応急仮設住宅（建設分） | 合計 |
|---|---|---|---|---|---|---|---|---|
| 宮古市 | 585 | 30 | 10 | | 59 | 684 | 1,708 | 2,392 |
| 大船渡市 | 592 | 3 | 7 | | 116 | 718 | 1,753 | 2,471 |
| 久慈市 | 48 | | 3 | | 10 | 61 | 15 | 76 |
| 陸前高田市 | 125 | 2 | | | 48 | 175 | 2,136 | 2,311 |
| 釜石市 | 428 | 33 | 3 | | 229 | 693 | 2,825 | 3,518 |
| 大槌町 | 129 | | | | 6 | 135 | 2,074 | 2,209 |
| 山田町 | 308 | | 4 | | | 312 | 1,957 | 2,269 |
| 岩泉町 | 17 | | | | | 17 | 123 | 140 |
| 田野畑村 | 24 | | 6 | | | 30 | 176 | 206 |
| 洋野町 | 0 | | 3 | | | 3 | 5 | 8 |
| 野田村 | 88 | | | | 3 | 91 | 190 | 281 |
| その他の市町村 | 1,122 | 7 | 47 | 12 | 357 | 1,545 | 131 | 1,676 |
| 計 | 3,466 | 75 | 83 | 12 | 828 | 4,464 | 13,093 | 17,557 |

注：このほか、他県からの被災者の入居が 725 戸ある。　（出典：表 2･2 に同じ）

は8月28日に、山田町も8月31日に閉鎖され、岩手県内の避難場所はほぼ解消された（なお、残りは自宅改修のため被災者4名を受け入れた避難所扱いの市営住宅のみ）。

岩手県災害対策本部は震災5か月後の8月11日に廃止された。震災以来の非常事態が、5か月にしてついに解消されたのであった。

岩手県における応急仮設住宅建設の推移や市町村ごとの設置戸数については、それぞれグラフや表に示すとおりである（図2・2、表2・2〜2・4）。

## ☑避難所の解消に苦慮した気仙沼、石巻

被災3県のうち、宮城県と福島県では、残念ながらすべての希望者を「お盆の頃までに入居」させるという目標を達成させることはできなかった。福島県は原発災害という特殊性があるので、ここでは宮城県におけるお盆後の状況を見ていくことにする。

宮城県内の建設仮設は、お盆の頃の8月19日までにはほぼ着工を終え、9月末までには必要戸数2万2千戸のうち99％が完成に至った。しかしながら、残りの1％の完成と避難所の解消に苦しむこととなった。

まず、女川町の建設仮設については、用地不足が深刻だったことから、町の発注で3階建ての仮設住宅が建設されることとなった（128ページ写真）。これはコンテ

陸前高田市第一中学校の体育館の様子（5月と8月）

ナを積み上げるような工法で、用地不足の問題を解消するためには画期的な取組であったが、工期の点では大きな問題があった。特殊な工法の前例がなく、耐火性、強度の確認など県との調整に時間を要し、着工したのは9月に入ってからで、その後工事にも遅れが生じ、完成は11月上旬まで待たなければならなかった。

また、石巻市や気仙沼市では、仮設住宅の建設は9月末までに完了したものの、避難所が解消できなかった。石巻市では9月9日現在で、避難者1352人のうち833人が、仮設住宅に当選しながら避難所生活を続けていた。通勤や通学に不便な郊外への転居を敬遠したのが主な理由とされ、市が全避難所46か所を10月11日で閉鎖すると通知した後、職員は避難所を巡回。郊外の仮設住宅向けに格安の住民バスを用意したことなどを説明した。[*11] これにより何とか多くの被災者は郊外の仮設住宅に入居し、避難所を10月11日に閉鎖したが、転居先が決まらない被災者や自宅の改修を待つ被災者計74人のために4か所の待機所を設けることとなり、最終的に待機所が閉鎖となるのは震災9か月後の12月11日までかかってしまった。

気仙沼市では、用地不足から、県境をまたいで岩手県の一関市内に気仙沼市の被災者用の仮設住宅を建設したが、被災者からは敬遠されてしまった。11月に入っても避難者50人が残り、停滞状態に。やむなく宮城県と気仙沼市は、11月末になって気仙沼市内に仮設住宅の追加着工を決め、仮設住宅の完成と避難所の解消は年末までかかることになってしまった。

最後になって、宮城県と気仙沼市が仮設住宅の追加着工を決めたのは、英断である。郊外に入居した被災者から不平等だという批判を受けるのを覚悟の上でのことであったと推察される。ただ、用地の見通しが立てられずに、仮設住宅建設の最終期になってお隣の市に仮設住宅を建てる

＊11 「石巻市全避難所あす閉鎖、仮設敬遠ゼロ遠く」河北新報、2012年10月10日

ことにしても、被災者にとっては抵抗感が強かったろう。

石巻市、気仙沼市の両市に共通するのは、避難所に最終期まで残った被災者に、被災地から離れた仮設住宅への転居を強いなければならない、苦しい展開になってしまったことである。避難所に最終期まで残った被災者は、最も気の毒な被災者である。その被災者に用地が足りないから郊外に行ってくれというのでは、ますます気の毒である。早めの段階から仮設住宅の用地確保の見通しを立てていけば、こうした悲劇は起こらずに済んだのではないかと思われる。

## ☑みなし仮設で減少した建設仮設の需要

さて、岩手県の状況に話を転ずると、5月上旬の時点ではほとんど手続がなされていなかった「みなし仮設」が、その後、次第に被災者の入居先として浸透していった。岩手県内では、5月8日には62戸であったのが、5月22日には352戸、6月9日には1729戸まで伸びた。報道上の数字では、被災3県で6月上旬に1万8千戸、6月中旬には2万4千戸にまで達した。それに伴い、特にみなし仮設が普及した宮城県、福島県を中心に、建設した仮設住宅に対する入居需要が減っていくこととなった。

5月中旬には福島県が仮設住宅の必要戸数を2万4千戸から当面1万5200戸に、宮城県は3万戸から2万3千戸にそれぞれ減らし、全国での建設仮設の必要戸数はピーク時の7万2千戸余りから5万2千戸余りにまで減少することとなった。

国土交通省では、プレ協を含む住宅業界全体の組織である住宅生産団体連合会に全国あわせて

6万戸の供給を要請していたので、大慌てである。プレ協も今度は資材不足ではなく、資材余りの方に頭を悩ませることになった。

住宅メーカーにとって、仮設住宅用の資材というのは、一般の住宅用の資材と違って一回り小さいなど仕様が異なるものが多く、使い回しがきかない。4月に資材不足を解消するために生産ラインをフル回転させて資材を供給したら、5月には余ることになってしまったのであるからメーカーにとっては気の毒な話である。

ただ、そうはいってもみなし仮設は結果として6万1千世帯まで広がり、建設仮設を上回る数字となったことから、東日本大震災では、みなし仮設を抜きにした被災者の住宅確保は困難だったと言える。問題は、ひとえに状況判断が難しかったということに尽きるだろう。また、建設仮設の需要が減る可能性が高くなった時点で速やかに建設仮設の資材供給の抑制に回っていれば、資材余りの問題はもう少し抑えることができたかもしれない。

## ☑建設仮設の空き家問題

さらに、岩手県では5月から6月にかけての建設仮設のペースが比較的速かった一方で、時を同じくして「みなし仮設」へのシフトが進んだことから、5月時点での見込みより被災者の入居世帯数が減少し、建設仮設の空き住戸が相当数発生することとなった。

8月3日時点で、県合計での空き住戸は1400戸程度で、総戸数約1万4千戸の1割に相当する。特に釜石市では約7百戸、宮古市では約4百戸もの空き住戸が発生した。仮設住宅の建設用地を確保して着工に至ったのはおおむね5月末の時点であり、空き住戸の発生はその後のキャンセルによるものであったためやむを得なかったが、それにしても釜石市と宮古市は数字が大きく、報道でも空き住戸の問題が取り上げられた。

確かに仮設住宅の建設の勢いをつけ過ぎて、余ってしまった面はある。しかし、被災地では市街地全体が壊滅状態にあり、建設した仮設住宅は、被災後唯一迅速に建設された貴重な「建物」なのである。被災者の生活再建や復興のためには、住宅が建つだけでは事足りないことから、様々な活用が図られてもいいだろう。

これについては、厚生労働省から8月12日に談話スペース、多人数世帯の複数戸利用、共同物置、ボランティアの活動拠点等として活用するよう通知が出され、岩手県においては応援職員の宿舎としてもいち早く活用し、空き家問題は解消されていった。[*12]

一方で、陸前高田市や大槌町、山田町においては、仮設住宅建設完了後に、他市町村に避難していた被災者の戻り入居需要が発生した。そのため、申込み数に余裕戸数を加えて仮設住宅の建設を進めたにもかかわらず、被災者の入居者で満室、入居待ちが発生する状況となったのである。

仮設住宅建設においては、足りないことだけは避けなければならず、「過ぎたるは及ばざるが如し」という言葉は当てはまらないようである。

＊12　なお、厚生労働省からは平成24年1月になって、応援職員やボランティア等の宿泊場所として活用してよい旨の通知が出された。仮設住宅の用途としては一歩踏み込んだ活用になるため、慎重にならざるを得なかったのであろう。

# 3 章

# 東日本大震災における仮設住宅の達成点と問題点

# 1 様々な仮設住宅

ここからは、今回の東日本大震災で建てられた様々な仮設住宅を紹介することとしたい。

これまで仮設住宅のほとんどは、プレハブ建築協会の会員企業によって建設されてきたが、東日本大震災では、被災3県による建設事業者の公募により、中小の工務店等にも建設を担う門戸が開かれた。これを提案型仮設と呼ぶことにする。

最終的には、岩手県では公募で21者・グループ、福島県では第一次公募で12者・グループ、第二次公募で15者・グループがそれぞれが選定され、仮設住宅建設を担うこととされた。宮城県では、県の公募の結果を受けて、3町で5者・グループが仮設住宅建設を担った。

このうちの大半は木造住宅である。国土交通省のとりまとめでは、被災3県において32者・グループによって計約6千戸の提案型木造仮設住宅が建設されており、[*1] これに福島県第二次公募分を加えると約9千戸の建設戸数となった。

＊1　国土交通省『東日本大震災における地域工務店等による木造応急仮設住宅』２０１１年8月31日現在

## ☑被災3県の提案型木造仮設

被災3県それぞれの提案型木造仮設の特徴を見てみることにしよう。

岩手県では、公募時に供給可能戸数の下限を12戸まで引き下げたことから、規模の小さい工務店による個性豊かな仮設住宅の建設が行われた。建設戸数は最も少ないところで、18戸であった。

各事業者の提案は、おおむねプレ協の仕様に準じたものであったが、2室の居室のうち1室を畳敷きとしたものが多く、また居室の窓を掃出し窓とするなど、居住性に配慮がなされていた。なかにはロフトがあるもの、床がフローリングのもの、内装を無垢材で仕上げたもの、断熱材におがくずを使用したものもあり、地元の工務店ならではの工夫が盛り込まれた仮設住宅が作られた。岩手県が公募で選定した事業者に発注を行ったほか、遠野市や住田町がそれぞれ発注主体となって独自の仮設住宅建設を行った。

地元の工務店等による建設は、資材の積み下ろしにクレーンが必要となるプレ協の仮設住宅建設に比べ、小回りがきく。プレ協会員企業では建設が困難であった斜面地においても建設が可能になるという大きなメリットがあった。陸前高田市のオートキャンプ場モビリアの敷地を転用した仮設住宅団地では、各キャンプサイトごとに戸建ての仮設住宅の建設が行われた。

また、このほか岩手県宮古市では、震災によるガレキを原料にしたパネル部材

岩手県内の地元工務店等による仮設住宅①／フローリングの仮設住宅

岩手県内の地元工務店等による仮設住宅②／和風の仮設住宅

岩手県内の地元工務店等による仮設住宅③／ロフト付きの仮設住宅

岩手県内の地元工務店等による仮設住宅④／オートキャンプ場モビリアに建てられた仮設住宅

「復興ボード」を使った集会所が建設された。

宮城県の木造仮設は、山元町と南三陸町の2町が発注を行っている。山元町では125戸、南三陸町では15戸、計140戸の木造仮設住宅が建設された。特に、南三陸町で建てられた木造仮設は地元南三陸産のスギを構造部材だけでなく、外壁や合板にまでふんだんに使用した。また、パネル化したスギ板をビス施工することにより再利用可能な造りとしている。

福島の木造仮設は、被災3県の中でも最も多く6千戸以上が建設された。県産材の活用が優先的に行われ、なかには戸当たり20㎥（1㎡当たり0・66㎥）を使用する住宅もあった。*2

工法は、在来軸組工法が多数を占めたが、なかには丸太組工法（ログハウス）や、柱と柱の間に壁板を落とし込む板倉工法の住宅も採用された。また、基礎を一般的な仮設住宅のように木杭とするのではなくベタ基礎としたり、風除室をあらかじめ組み込むなど、中期的に使われることを考慮し、耐久性を高めた仮設住宅造りが行われた。

## ☑鉄骨造の提案型仮設

一方で鉄骨造による仮設住宅の提案も被災3県においてそれぞれあった。岩手県では4者・グループの鉄骨造仮設住宅が採用され、約2百戸の住宅が建設された。このうち1者はあらかじめ工場で製作した住宅ユニットを現場に下ろすとい

＊2　これは、一般的な在来工法の戸建て住宅の場合、通常床面積1㎡当たり約0・20㎥程度の木材使用量（林野庁ホームページによる）であるので、その3倍以上の使用量に相当する。

復興ボードを用いた集会所

宮城県内の地元工務店等による木造仮設住宅（山元町）

福島県内の地元工務店等による仮設住宅（南相馬市・郡山市）

3 階建ての仮設住宅（宮城県女川町）

う独自の工法で建設が行われた。

宮城県では、鉄骨造による提案型仮設が山元町、南三陸町及び女川町において建設された。このうち宮城県女川町では、建築家坂茂氏のプロデュースによる3階建ての鉄骨造仮設住宅が建設された。この仮設住宅は中国で製造したコンテナを積み上げる工法で建設したもので、市松模様の外観が印象的でとても仮設住宅とは思えないような完成度だった。

なお、複層の仮設住宅としては、このほか福島県郡山市に、プレ協住宅部会の会員企業である百年住宅㈱が、プレキャストコンクリートパネル造による仮設住宅を96戸建設している。

## ☑住田町独自の仮設住宅

岩手県住田町の仮設住宅は、様々な仮設住宅の中でも、特に異彩を放つ。住田町では、なんと震災11日後の3月22日に仮設住宅を着工しているのだ。しかも、県が委任をしたのではなく、町長の独自の判断で、予算は議会の議決を得ずに専決処分をして実施。議案として提案をするという悠長な事態でなかったのは確かだが、それにしても大胆である。

住田町は、沿岸部からは20㎞程度内陸にある岩手県南部の林業の町だ。豊富な森林資源を生かそうと、ペレットストーブに使う木質ペレットの生産や木質バイオマス発電などに取り組むほか、第3セクター住田住宅産業株式会社を設立して、地元材を活用した住宅造りを行ってきた。

住田町の周辺は、気仙地域と呼ばれ、沿岸部の陸前高田市や大船渡市とつながりが深い。また、この地域には気仙大工と呼ばれる技能集団が古くから活動していて、その技術力は高い評価を受けている。人口6千人の小さな町だが、豊富な資源と高い技術は全国にも誇れるものだったのだ。そんな住田町に震災が訪れた。内陸部の住田町内は地震による家屋の一部損壊程度で済んだが、沿岸部の甚大な被害は他人事ではなかった。

それにしても、震災直後に着工できたのには理由がある。実は、住田町では、今後起こりうる震災を想定して、有事の備えとして国産木材を活用した仮設住宅キットを作るという提案を売り込もうとしていたのだ。この仮設住宅キットは、あらかじめ木材を仮設住宅向けに加工保存しておき、震災時にはすぐさま組み立てられるようにするというアイデアで、壁材は断熱材を木材の板で挟み込んでおき、現場では柱と柱の間に落とし込めばよいという、施工性と工期短縮に配慮されたものであった。震災が起きたのは、こうした仮設住宅キット製作のための図面が出来たちょうど矢先の事であった。

そんな事情で住田町は震災後すぐさま動き出し、地元の住田住宅産業株式会社が建設を担うこととなったのだが、県にとっては寝耳に水である。震災当初で、果たしてどれだけ仮設住宅が必要になるか、そもそも住田町に建てる必要があるのか、県で判断していたわけではない。住田町の方も、一刻を争うような状況の下、おそらく県に相談してから動いたのでは時間の無駄という考えだったものと思う。

仮設住宅は、誰が建てるのかが重要なのではない。一刻も早く建てることが重要なのだ。その意味では、町長の判断は全くもって正しい。なにせ、震災直後の当時は、まだようやく陸前高田市第一中学校が着工に至った程度だ。これから仮設住宅

建設途中の住田町の仮設住宅の様子

が万単位で必要になる。誰が建てるのかを決めるのではなく、建てられる事業者がいて、建てられる場所があれば、どんどん建てるよりない。

しかし、懸念したのは、沿岸部の市の反応であった。沿岸の市にとっては、被災者のために仮設住宅を建ててくれるのは有難くはあるが、市外への転居となるため、長い目で見れば複雑な問題だ。県の仮設住宅に対する方針も決まっていないのに市外に建設が行われると、市外への建設に流れがいってしまうのではないか。そんな懸念を持ったとしても当然のことである。

県としては、前述のように、とにかく被災地に近い場所での仮設住宅建設を目指すこと、用地が確保できれば市外での仮設住宅建設は例外となることを説明し、沿岸市には理解をいただいた。沿岸市と住田町とのこれまでの深いつながりや蓄積と、住田町長の熱い思いに対する理解があればこそそのことだった。

住田町の仮設住宅は93戸建てられ、主に陸前高田市からの被災者で満室となった。一方で、陸前高田市の用地確保は最終的にもギリギリの状況であった。結果として見ても、住田町が仮設住宅を先行して建てたのは正解であった。

## ☑地元建設の道を切り開いた住田の仮設住宅

沿岸部の市のお隣の町とは言え、住田町の中心部は沿岸部からは20㎞弱の距離にある。また、93戸のうち60戸はさらに内陸の中上団地というところで、ここは沿岸部から20数㎞も離れている。車で約30分だ。そんな地理的に不利な場所にありながら、仮設住宅がいとも簡単に埋まったのは、建てた時期が極めて早かったことが理由として挙げられるが、もう一つには仮設住宅自体の魅力が人気を呼んだということがある。

住田の仮設住宅は、地元の気仙杉をふんだんに使い、内装も床も無垢材で仕上げられている。間仕切りを少なくした設計で、使いやすい間取りとなっている。また、壁には断熱材を挟み込んであり、一定の断熱性を確保している。プレ協規格建築部会の仮設住宅の無機質さと比較してはいけないのかもしれないが、実に温かみが感じられる仕上がりだ。仮設住宅の入居者は、こんな仮設住宅に入れるんだと驚き、住田町長に感謝したと言う。立地の不便さは否めないものの、それを打ち消して余りあるほどの魅力ある住宅となったのだ。「郊外の仮設住宅は不人気となる」という定説を大きく覆したものと言えるだろう。

また、住田の仮設住宅は、地元工務店等による仮設住宅建設の道を大きく切り開いたという点でも重要だ。住田町の取組が報じられるのと時を同じくして、3月下旬から4月にかけて、工務店関係者の方々から、自分たちでも仮設住宅を建てられるからやらせて欲しいという声が数々寄せられるようになり、被災3県における建設事業者の公募の実施へとつながった。その意味で、地元工務店等の提案による仮設住宅造りのパイオニア的存在になったと言うことができる。

住田町では、自らの取組を全国に広げるべく「木造応急仮設住宅のキット化」を国土交通省に提案している。これは、木造仮設住宅の仕様の統一化を図るとともに、仕様に即した部材をあらかじめ備蓄することにより被災後の仮設住宅建設を迅速

住田住宅産業による仮設住宅の内部

に行おうというものである。

木材加工施設が整備されている全国10～20地域を拠点とし、そこから木造仮設住宅資材を早期に供給するとともに、地元の企業等が木造仮設住宅を建設することにより、被災地域の雇用と地域経済活動に貢献するとともに、メンテナンスも地元において行うことができる。

備蓄については、予算をどう確保するかなどの課題があるが、木造仮設住宅をあらかじめ設計しておき、被災後の供給について森林組合や製材会社、地元工務店などがあらかじめグループを結成し、供給できる体制を整えておくといったことは、被災時に極めて有効に働くのではないかと考えられる。各地において、住田町のような取組が広がることを期待したいところだ。

## ☑遠野市からの仮設住宅建設の提案

震災直後から果敢に仮設住宅建設に挑んだ住田町。同じく後方支援を行っていた遠野市から連絡があったのは震災2か月後のことであった。遠野市で公営住宅や都市整備を担当する部長が、5月19日に岩手県庁に来られ、何やら思い詰めた表情で、おもむろに資料と図面を広げだした。それは、仮設住宅建設の提案資料であった。

震災直後から、内陸部に位置する遠野市はこれまで、沿岸部の被災地の後方支援に懸命に取り組んできた。遠野市は沿岸の釜石市等から40㎞ほどで北上川沿いの内陸部と沿岸部のほぼ中間に位置する。40㎞とはいえ沿岸部からは最も近い都市だ。その地理的特性から、震災後は釜石市等からの避難者を受け入れたことはもちろん、全国からやって来る自衛隊等の支援部隊の駐在基地となり、救命活動、支援物資の搬送、入浴支援等々、様々な対応を行ってきた。大震災で、遠野市自体も被害を受け、遠野市役所は中央棟が被災し使用できない状態となったが、そんな傷を負った中で、市長自ら1階ロビーに市長室を移して陣頭指揮をとるなど、必死の活動が行われてきた。

沿岸部の被災は他人事ではない、そうした強い思いを最も強く持っていたのが遠野市であった。被災地からの患者受入数は211人、救援物資の搬送は250回、送ったおにぎりは14万個にも及んだ。[*3] 物資の次に必要となるのは、もちろん仮設住宅だ。遠野市からは、仮設住宅建設の適地となる未利用地の情報が、実は被災した沿岸部よりもいち早く、3月中には県庁に送られてきていた。

しかし、遠野市から送られてきた有難い情報を、県ではしばらく棚上げにしておくよりなかった。被災者や被災市町村は、現地に近いところでの復旧・復興を望んでいる。3月25日に知事が「できる限り現地復興」とコメントしたのは前述のとおりだ。釜石市や大槌町の仮設住宅用地が足りなければ、遠野市に建てることになるが、当時の時点では判断がつかず、まず沿岸部で用地を探すところから始めるよりなかった。広い平地を有する遠野市にとっては、平地を活用してもらいたい思いと、沿岸部での復旧・復興を思いやる気持ちとが錯綜したことだろう。

遠野市としては県の了解のもとに仮設住宅を建てたいが、遠野市に建てるという提案は、県には受け入れられないかもしれないと考えていたようだ。そのことが部長さんには気にかかり、思い詰めた様子になっていたのだろう。だが、被災者の中には、遠野市での居住を希望する方もいる。遠野市では、市内に避難している被災者にヒアリングを行い、少なくとも13世帯は希望があ

＊3　遠野市『遠野市沿岸被災地後方支援50日の記録』2011年5月

るという調査を行っていた。

このため、遠野市からの提案は、仮設住宅を少なくとも13戸は建てたい、というものであった。また、東京大学高齢社会総合研究機構との協議を行っていて、高齢者にも配慮した仮設住宅を建てるために木造の仮設住宅とし、デッキ等を整備したいという提案だった。

「やってみましょうか。需要もおそらくもっとあると思いますし。すぐに内部で協議しますから」。県からは遠野市における仮設住宅建設について前向きに対応することを伝え、部長さんには安堵して帰っていただいた。

## ☑遠野市でも実現した木造仮設住宅

県では、遠野市の提案を受け、即座に内部で協議を行った。提案が3月であったなら、丁重にお断りしていたかもしれない。だが、今回の提案は、仮設住宅建設が軌道に乗った後の5月で、タイミングが良かった。仮設住宅の用地はおおむね確保できつつあり、建設する仮設住宅のうちほとんどは沿岸部に建てられる見通しがついていた。一方で、住田町の仮設住宅のように、内陸部に住みたいという需要が一定程度あることも理解されていた。

岩手県から遠野市には、仮設住宅40戸の建設が委任されることとなった。13戸に加え、雇用促進住宅にいる被災者、沿岸から移ってくる被災者等を想定した。また、

建設途中の遠野市の仮設住宅の様子

ある程度まとまった戸数の仮設住宅団地とすることにより、集会所の設置が可能となり、コミュニティに対する配慮も手厚くなる。

遠野市では5月24日に議会の全員協議会に計画案を説明した上で、予算の専決処分を実施し、6月1日には建設工事の着工に至った。わずか2週間という期間で、仮設住宅の実施設計、建設事業者の決定などすべての建設準備を終えているのだから、驚異的なスピードである。

遠野市も、住田町と同様に林業が盛んで、市内には大規模な木材加工団地があり、集成材の生産まで地元で行うことができるという特徴があった。ちなみに東京大学の弥生講堂にも、ここで生産された集成材が使われている。今回の仮設住宅では、この地元で生産できる集成材を壁材として活用した仮設住宅の建設が行われることとなった。集成材は断熱材の機能も兼ね備えている。着工から約40日後の7月11日には、木の香り豊かな木造仮設住宅が遠野の地に完成した。入居者は遠野市が募集し、完成時には建設戸数とほぼ同数の39世帯が入居することとなった。

遠野市の仮設住宅の完成状況

# 2 バリアフリーやコミュニティに配慮した仮設住宅

## ☑バリアフリーへの配慮

遠野の仮設住宅の大きな特徴は、バリアフリーへのしっかりとした配慮がなされていることである。40戸のうち約半数となる19戸にデッキが整備され、車いすで住戸の入り口にたどり着ける。また、さらに住戸内も完全バリアフリーで、和室、浴室に入る際も段差がない。

ちなみに、プレ協の会員企業が建設する仮設住宅には、段差がつきものだ。これは、仮設住宅を建設する際の建て方に由来する。プレ協の仮設住宅では、同じ高さの土台や下地の上に水平な床を張り、その上にユニットバスを置き、畳を敷く。このため、和室と洋室の間には数cmの段差が発生し、ユニットバスの入り口は10数cm～20cm高くなって、その段差をまたがないと浴室には入れない。数cmの段差は高齢者にとってつまづく要因となりやすいし、10数cm～20cmはかなり大きな段差だ。

岩手県では、大船渡市内において、プレ協会員企業建設による仮設住宅に、スロープを設置し、入り口は引き戸、台所はキッチンの高さを低くＩＨとするなど、バリアフリー対応の仮設住宅を建設したのだが、浴室の段差はいかんともし難く、解消することができなかった。残念ながらバリアフリー住宅として満足できるものにはならなかった。仮設住宅の大量建設が可能なことと引き換えに、バリアフリー対応が難しいのがプレ協の仮設住宅の弱点であると言える。

一方で、地元の工務店等による仮設住宅では、大量建設をしない代わりに融通をきかせた設計を行うことができる。浴室や和室の部分だけ杭や床の下地を低くすることにより、畳やユニットバスの設置後の床面を洋室の床面と合わせることができるのだ。この違いは極めて大きい。

今後、高齢社会が進展していく中、仮設住宅のバリアフリー化の要請はますます強くなっていくだろう。プレ協の仮設住宅がバリアフリー

バリアフリーに配慮された遠野市の仮設住宅

化できないとすれば、地元の工務店等による仮設住宅建設は、高齢社会対応という観点から見ても有力な選択肢になるものと考えられる。

## ☑コミュニティケア型仮設住宅

遠野市の仮設住宅は、建設の際に東京大学高齢社会総合研究機構がアドバイスを行った。この機構は、高齢社会が抱える様々な課題に対処するために、医学、工学、経済学、社会学等を包括する新しい学問体系を築くために設置された組織である。震災後の4月には、被災者となった高齢者が孤立することなく安心して生活できる「ケアタウン構想」を作成し、その中で、コミュニティのとれる共同空間づくりや地域の核となるサポートセンターづくりを提案していた。作成したのは、大方潤一郎教授、西出和彦教授、大月敏雄准教授、小泉秀樹准教授といった専門家の方々である。

遠野市では、この提案を受け入れ、地元工務店に提案を踏まえた仮設住宅の建設を発注し、以降、短期間ではあったが、まさに産学官の連携による仮設住宅づくりが進められた（図3・1）。また、釜石市の平田《へいた》仮設住宅団地でも同様の取組が行われた（図3・2）。東京大学では、これらの団地をコミュニティケア型仮設住宅と呼んでいる。

コミュニティケア型仮設住宅の特徴は以下のとおりだ。

・仮設住宅の団地は南向きの棟が一列に並んだ単純無機質な配置となりやすいが、これを排除し、玄関を向かい合わせとするなど、コミュニティ形成に配慮した住棟の配置計画とする。

・仮設住宅団地内にケアゾーンを設定し、ケアゾーン内の仮設住宅は玄関まで車いすで通行できるデッキを整備する。

・団地内中央でケアゾーンにも近い位置に集会所の機能を強化した「サポートセンター」を設置。ケアスタッフが駐在する。

遠野市では、遠野市社会福祉協議会が、釜石市平田では公募により株式会社ジャパンケアサービスグループがサポートセンターの管理運営を受託し、仮設住宅団地の入居者のケアを行い、ボランティアやNPOなど各種支援団体との連携にも当たっている。こうした支援体制は、被災者にとって大いに頼りになるものだろう。

また、釜石市平田の仮設住宅団地は、郊外の住戸数240戸の大規模団地であったため、住民の利便性を考え、仮設住宅のみならず周辺施設を含めた「仮設のまちづくり」構想が作られた。仮設住宅団地の中央に仮設商店街を建設するためのスペースを空け、さらにはバスの転回スペースも設けた。また、

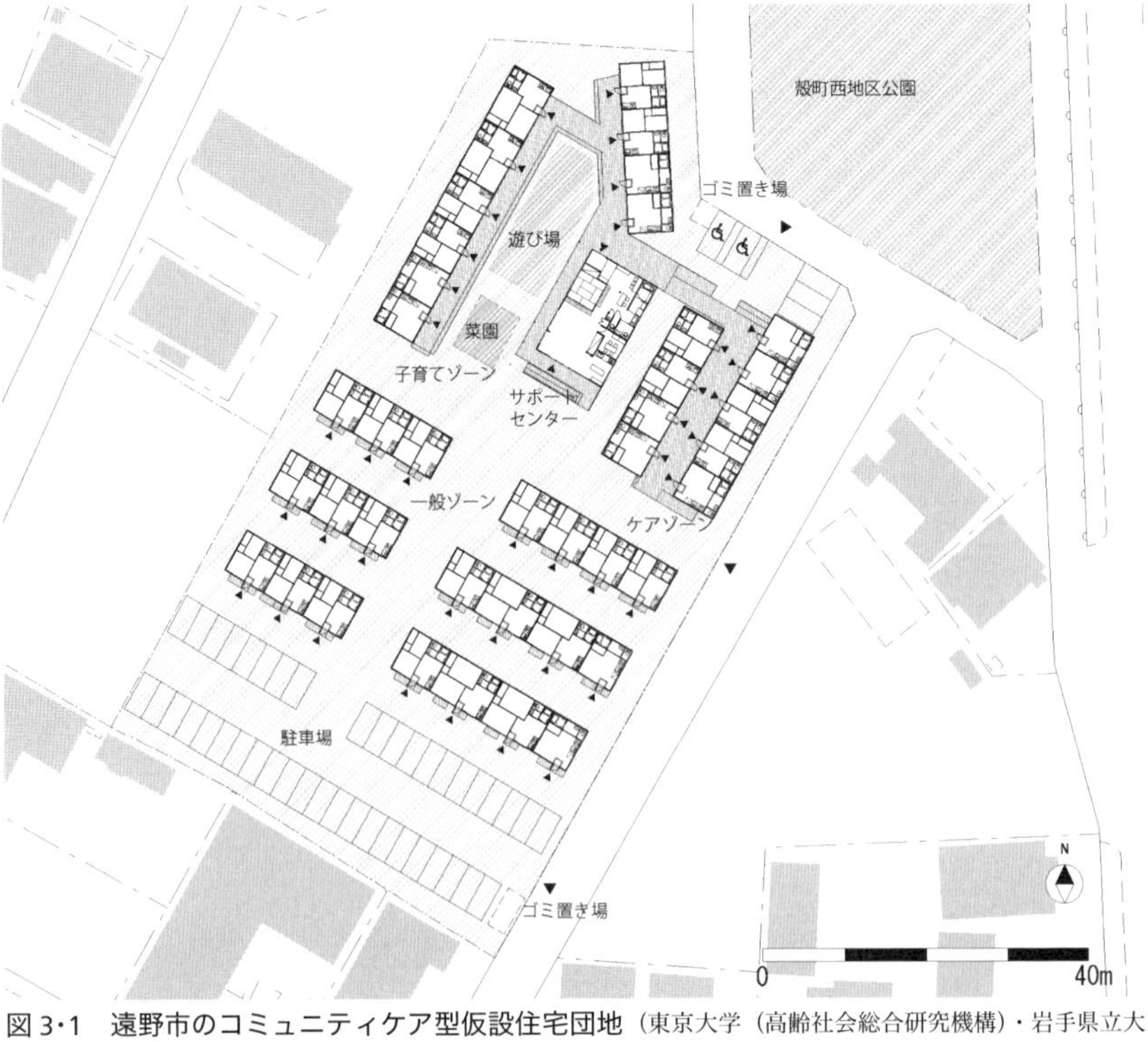


図3･1　遠野市のコミュニティケア型仮設住宅団地（東京大学（高齢社会総合研究機構）・岩手県立大学・遠野市作成）

子育てゾーンの仮設住宅

ケアゾーンの仮設住宅

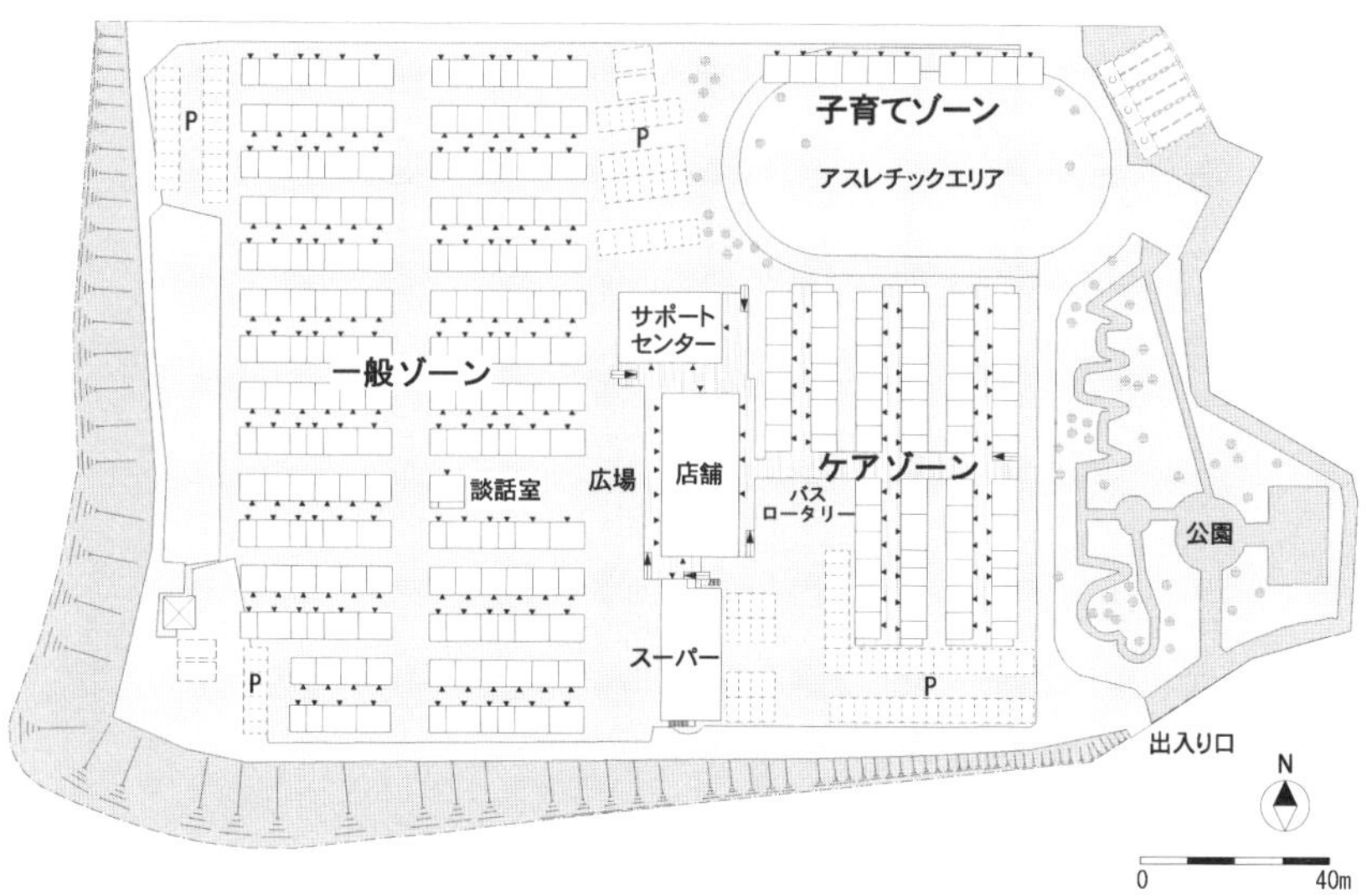


図 3･2　釜石市のコミュニティケア型仮設住宅団地（東京大学（高齢社会総合研究機構）・岩手県立大学・釜石市作成）

既存の公園を生かして子育てゾーンを配置した。仮設商店街の建設には時間を要したが、仮設住宅完成から遅れること4か月後の12月にスーパーや美容室、電器店など22事業所が入居しオープンした。[*4] これまで、郊外の仮設住宅団地と言えば、交通の便が悪く、日常の買い物や受診に出かけるのにも難儀するという負のイメージであったが、釜石市平田では、郊外団地の課題に見事に対応した団地づくりが行われた。

東京大学や釜石市などの取組が評価され、釜石市平田の仮設住宅団地は、福島県の木造仮設住宅群とともに、２０１２グッドデザイン賞を受賞している。

## ☑仮設住宅団地におけるコミュニティ配慮

仮設住宅団地は、ともすると無機質な住宅が並び、従前の居住地から離れることとなった被災者にとっては近所の知り合いとも離れ離れとなって、孤立してしまうことになりかねない。阪神・淡路大震災のあった平成7年は「ボランティア元年」と言われ、ボランティアや支援団体による様々なケアやコミュニティづくりの活動が展開されたが、それでも被災者の孤立死を防ぐことはできなかった。郊外への仮設住宅への建設と抽選による入居者選定という行政の機械的作業が被災者を孤立させ、大きな社会問題となったのである。

その反省を踏まえ、その後に発生した中越地震の際には、集落単位での仮設住宅への移転、玄関が向かい合わせとなる仮設住宅の建設、除雪のための通路の舗装など、生活の場として一定程度の配慮がなされた。[*5]

＊4　『平田パーク商店街』営業開始、仮設団地内に」岩手日報、２０１１年12月24日

＊5　社団法人日本建築学会『中山間地域等の地震防災と復興対策への提言―新潟県中越地震に鑑みて』２００５年10月23日

その結果、阪神・淡路大震災においては2百人以上にのぼった仮設住宅における孤立死が、中越地震ではわずか2件にとどまったのである。[*6]

東日本大震災においては、プレ協による仮設住宅の建設が進められたが、阪神・淡路大震災にも増して短期間に大量供給を行うことが必要であったため、当初はコミュニティに対する配慮は十分なされなかった。

住棟は南向きの並列配置が基本となり、用地不足が懸念されたため、住棟の間隔も極力切り詰め4m程度とせざるを得なかった。また、特に用地不足が深刻であった陸前高田市では、集会所を設ける余裕すらなく、校庭に仮設住宅を建てた場合は、学校の施設を使わせてもらうことで代用するという方針であった。

このように、東日本大震災における仮設住宅は当初中越地震と比較しても見劣りのするレベルにとどまっていたが、その後、コミュニティや高齢化の進行に配慮した仮設住宅とするため、被災3県において、いくつか対策が講じられていった。

## ☑集会所の設置、バリアフリー化

応急仮設住宅のガイドライン[*7]や事務取扱要領[*8]においては、おおむね50戸以上の住宅団地には集会所を設置でき、災害救助法の国庫負担の対象になるものとされている。また、50戸未満の団地においてはより小規模な施設として談話室を設けることができる。

この集会所は、阪神・淡路大震災において設置されたふれあいセンターが原型となっている。

＊6 「仮設住宅の入居者ゼロに 新潟県中越地震の被災地」朝日新聞、2007年12月31日

＊7 日本赤十字社『応急仮設住宅の設置に関するガイドライン』

＊8 厚生労働省『災害救助事務取扱要領』2010年5月

＊9 内閣府『災害復旧・復興施策の手引き(案)』2005年3月

＊10 日本赤十字社『応急仮設住宅の設置に関するガイドライン』

ふれあいセンターの設置数は236か所で、50戸以上の仮設住宅団地に設置され、新規に建設するほかに近隣の既存施設や仮設住宅の空室が活用された。仮設住宅に入居する高齢者等に対する心身のケアを行うとともにコミュニティの形成やボランティア活動の拠点となる場となった。[*9] ただし、仮設住宅の管理体制が確立されていなかったため、管理経費の捻出、管理人員の確保に加え、入居者からの苦情への対応といった管理方法において様々な問題が発生したということである。[*10]

現在は、集会室、和室、台所、事務室とトイレを有する約100㎡の標準プランがプレ協において作成されている。東日本大震災後の仮設住宅建設においては、当初はその標準プランで集会所の整備を行っていたが、岩手県ではバリアフリーの専門家である岩手県立大学の狩野徹教授のアドバイスを受け、バリアフリー改良プランを作成することとした（図3・3）。改良を行ったのは以下の点である。

・介助可能な浴室の設置（脱衣室まではスロープを設置）
・多目的トイレ内にオストメイト対応機器やベビーシートの設置
・男子小便器を廃止し、洋式便器に

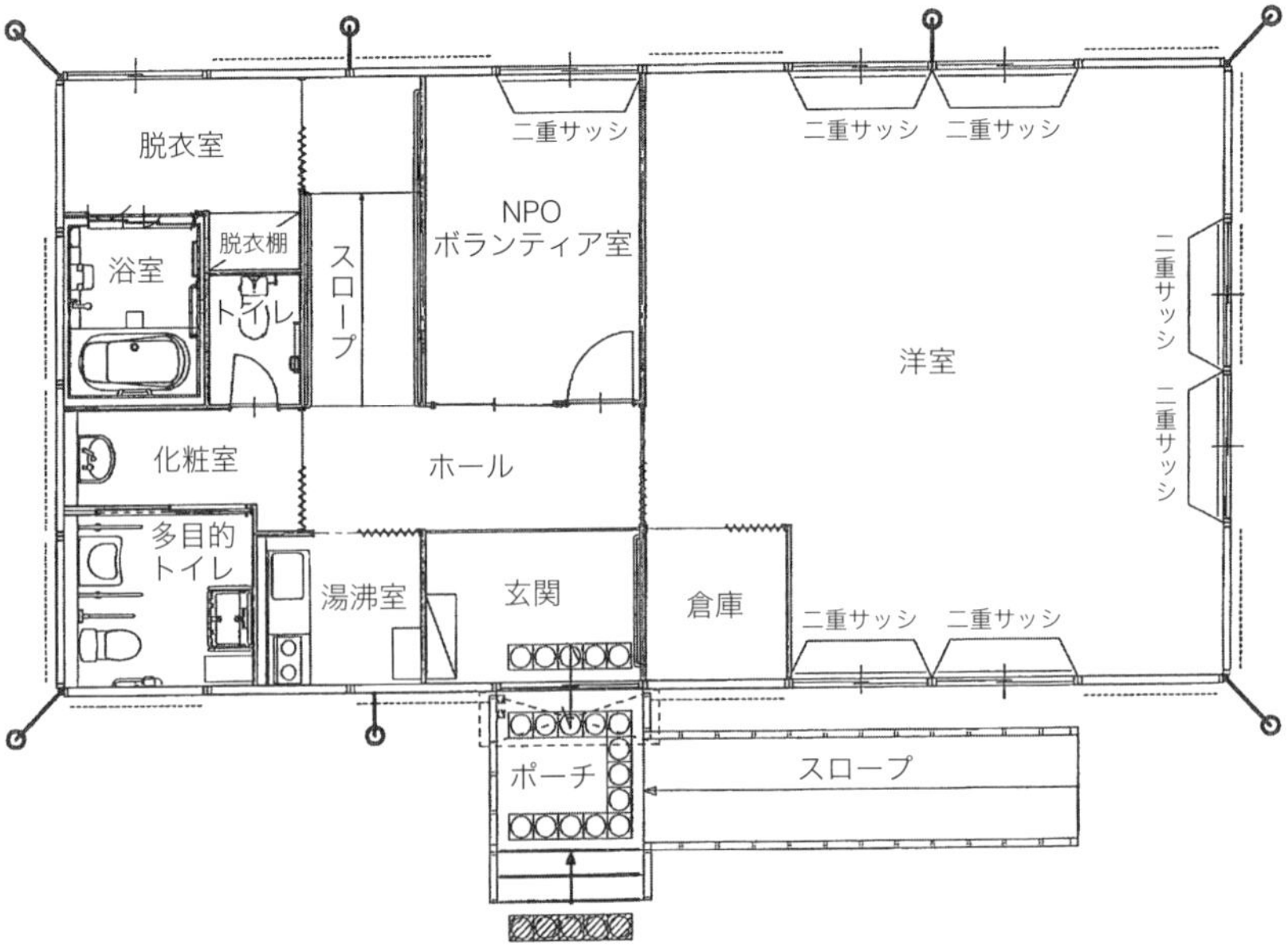

図3・3　集会所の平面図（見直し後）（出典：プレハブ建築協会資料）

・玄関にトイレのサイン、納戸の設置等

仮設住宅における集会所は団地内の住民の方々が集うだけでなく、自治体からの情報提供や、支援団体の活動場所として使われるほか、選挙のときには投票所ともなるなど、多目的な利用が行われる交流スペースである。中越沖地震の際には、11か所のすべての集会所に、ユニットバス、エコキュート、IHクッキングヒーター、身障者用トイレなどを整備し、バリアフリー対応が行われた。今回の震災においても、男子小便器を廃止し、洋式便器にするといった改善のほか、介助可能な浴室の設置、オストメイト機器、ベビーシートの設置等を実施することとした。わが国におけるオストメイトの数は、日本オストミー協会によると18万人を超えると見られており、高齢のオストメイト比率はより高いとされることから、大規模な団地におけるオストメイト対応はこれから必須とすべきものと考えられる。

一方で、浴室の設置は判断が難しい。岩手県では狩野教授のアドバイスで設置することとし、宮城県の仮設住宅においても設置されることとなったが、浴室の活用はソフト対応が伴わなければならない。仮設住宅の浴室が極めて狭いため、

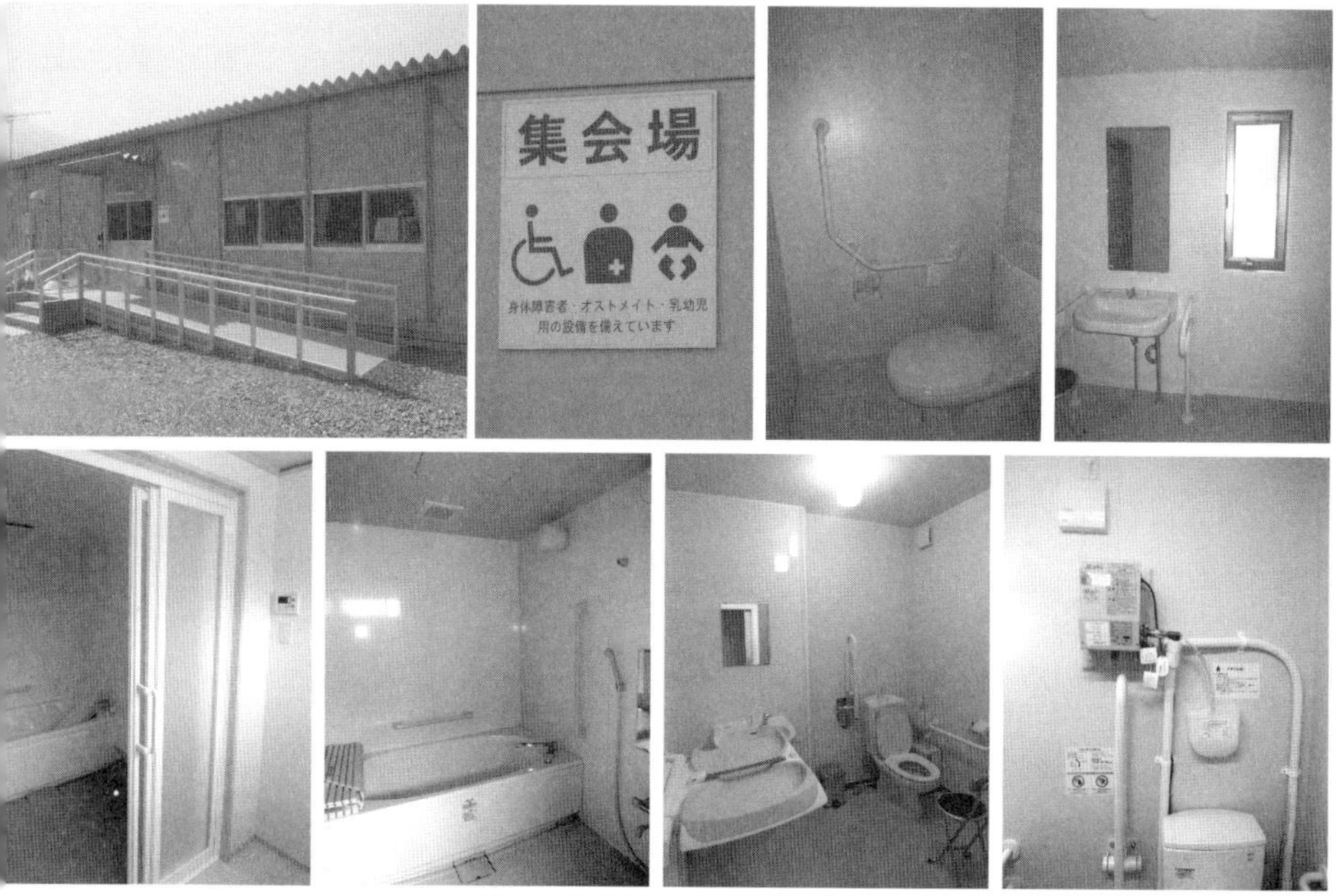


集会所の完成状況（バリアフリータイプの浴室と多目的トイレを設置）

支援団体等のサポートによる介助入浴や、訪問入浴介護を行う場所としての活用、ボランティアの宿泊スペースとしての活用が図られることに期待したが、光熱・清掃費負担、衛生面での問題などがあり、積極的に使われているケースはあまりないようである。また、災害救助法の国庫負担対象については、オストメイト機器、ベビーシートの設置については認められたが、浴室は対象外となり、別途厚生労働省で予算措置されたサポート拠点等設置費で対応することとなった。この点については、ハード、ソフト両面から検証し、今後の対応について検討がなされるべき課題として残ったと言える。

これらの集会所や談話室は、その必要性について市町村にも理解が浸透し、順次設置が進められていったが、特に陸前高田市や大船渡市においては、仮設住宅完成後も交流スペースの不足が顕在化したことから団地内の空きスペースに談話室の追加整備が行われた。また、集会所・談話室には日本赤十字社からテレビ・座布団・ホワイトボードなどの備品が提供されたほか、NGO団体であるセーブザチルドレン・ジャパンの取組により子供向けの家具やおもちゃが提供された。

岩手県内における仮設住宅団地は319団地あるが、集会所設置数は40、談話室設置数は108であり、おおむね半数の団地に集会所・談話室のいずれかが設置された。

## ☑遊具、プランター等の設置

東日本大震災では、家が流されただけではなく、市街地のありとあらゆる機能を喪失した。児童公園もその一つである。先に紹介した釜石市平田の仮設住宅では、もとあった広場を残すことができたが、そのように敷地に余裕のある団地はほとんどなかった。逆に学校の校庭や被災せず残った児童公園に仮設住宅が建てられていき、子供の遊び場の不足が深刻化した。

岩手県では、これを改善すべく、厚生労働省に仮設住宅団地内への遊具の設置を協議したが、反応は渋かった。遊具は「応急仮設住宅」には該当しないので認められないとのこと。しかし、遊具の設置は屋外のコミュニティスペースを設けるという趣旨のものである。屋内のコミュニティスペースである集会所は設置できるのに屋外のコミュニティスペースの設置が不可というのは、残念なことであった。ちなみに、宅地造成等を行う場合、3千㎡以上の開発に際しては児童公園等を設置することが義務付けられている。応急仮設住宅は仮設施設であるから、この基準は適用されないが、その趣旨に沿えば一定規模以上の団地に児童公園に類するスペースを確保するのは当然求められるべき措置ということができる。災害救助法の適用対象とするべく、対応が検討されてもよかったのではないかと思う。

やむを得ず、県では6月補正予算において、遊具、木製ベンチ及びプランターの設置を独自で予算化することになった。幸い国土交通省の社会資本整備総合交付金の交付対象とはなったが、この場合国庫負担は2分の1である。実質全額国費の災害救助法適用とは大きな違いだ。

災害救助法適用ではないので、仮設建造物というわけにもいかない。このため、設置した遊具は、いずれ建設される公営住宅に移設する計画とした。

仮設住宅団地内に設置されたベンチ、プランター及び遊具

補正予算が成立した7月以降、設置場所を見繕ったが、仮設住宅を建てた後の隙間があまりなく、スペースの確保に苦慮した。岩手県全体では、ブランコ及びすべり台は15か所程度の設置にとどまったが、ベンチ及びプランターは数多くの団地に設置することができた。

## ☑サポートセンターの設置

大規模な仮設住宅団地には、集会所の機能をさらに強化したサポートセンターを設置することができる。

これは中越地震の際に行われた取組で、大規模な仮設住宅団地において、県・長岡市が災害救助法で設置できる集会所3つを合わせた規模の300㎡の建物を造り、その中に県・長岡市が、デイサービスの設備（入浴など）を設置する形とした。[*11] つまり、集会所は50戸以上の住宅団地に1施設設置できるので、150戸以上の団地であれば、A・B・C団地に区分したと考えれば集会所3つ分が設置可能。それを集約するとともに集会所の設備を強化し、デイサービス機能を持たせたということである。

中越のサポートセンターには、集会室のほかに、デイルーム、厨房、脱衣室、浴室、洗濯室、静養コーナー等が設けられ、運営は社会福祉法人長岡福祉会に委託された。このサポートセンターを拠点に通所介護、訪問介護・看護のほか、配食サービス、生活相談、地域交流が行われ、被災した高齢者等に対する生活支援サービスが提供された。

中越地震において、阪神・淡路大震災とは打って変わって孤立死が減少したのは、サポートセ

＊11　内閣府『災害復旧・復興施策の手引き（案）』2005年3月

高齢者等サポート拠点の外観・内観

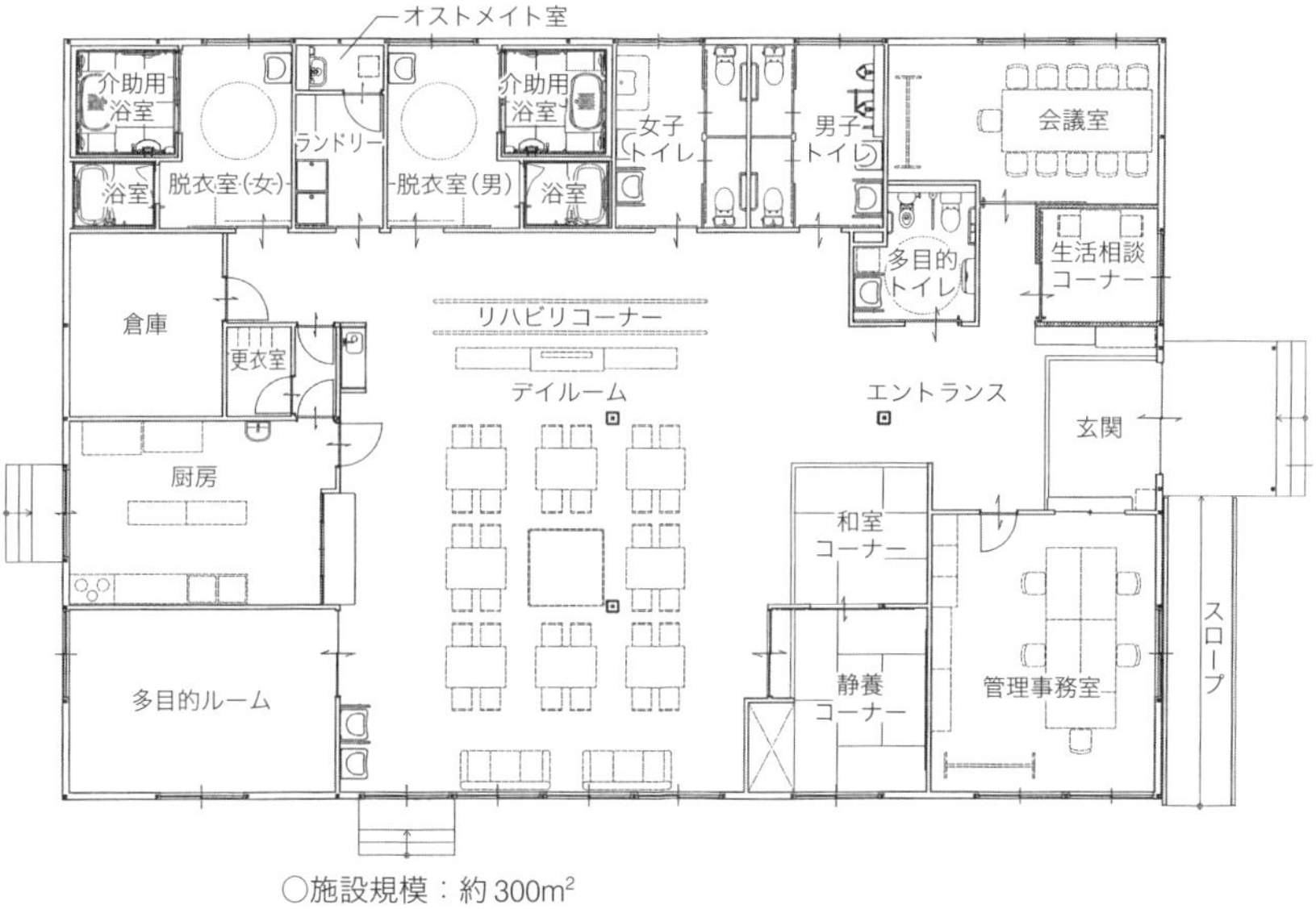


○施設規模：約 300m²
○施設内容：デイルーム、静養コーナー、生活相談コーナー、多目的ルーム、厨房、浴室、ランドリー、トイレ、事務室、会議室等

図 3·4　高齢者等サポート拠点の平面図（出典：プレハブ建築協会資料）

ンターの設置に代表されるように、高齢者等に対する支援・見守り体制が整備されたことが大きかったと言えるだろう。厚生労働省からは、東日本大震災においても良き先例として参考とするよう、「高齢者等のサポート拠点等の設置について」の通知が震災約1か月後の4月19日に発出され、積極的な整備が促された。

これを受け、被災3県ではサポートセンターの整備が進んだ。岩手県では仮設住宅団地に併設するサポートセンターを6団地において6棟建設した（図3・4）。このほか宮古市のグリーンピア三陸みやこ団地（田老地区の大規模団地）では、シンガポール市民からの善意がシンガポール赤十字社から同政府を通じて寄付され、本設の高齢者等サポート拠点が設置された。厚生労働省のとりまとめでは、介護等のサポート拠点の各県ごとの設置箇所数は115か所[*12]となっている。これらのサポート拠点においては、総合相談・見守り、デイサービス、配食サービス、子供の一時預かり、浴室の仮設入居者への開放等の生活支援、お茶会、ヨガ教室、おやつづくり、健康づくり教室等の交流活動が行われている。

建設当初は集会所すらなかった阪神・淡路大震災の頃と比較すれば、生活支援に関しては、かなり改善が図られてきたものと言うことができるだろう。

ただし、仮設住宅団地に併設するサポートセンターについては、建物は災害救助法の国庫負担の対象となるのだが、厨房設備については多額の費用を要することから、集会所の浴室と同様に、災害救助法の国庫負担の対象とはせず、別の予算で対応することとした。東日本大震災では、サポート拠点等設置費という予算が別途厚生労働省において計上されたので、県における負担は生じなかったが、今後、甚大な災害により大規模な仮設住宅団地を建設する場合において、サポー

＊12　岩手県28か所、宮城県62か所、福島県25か所（平成24年12月7日時点、予定含む）。厚生労働省調べ。

トセンターは必須の施設になるだろう。災害救助法の範疇からははみ出るのかもしれないが、中長期的に必要となる施設についても、仮設住宅の建設費用と合わせて適切な予算措置がなされるようにする必要があるものと考えられる。

## ☑グループホーム型仮設住宅の必要性

仮設住宅の入居希望者に高齢者、障がい者等、日常生活上特別な配慮を必要とする者が複数いる場合、老人居宅介護等事業等を利用しやすい構造及び設備を有する福祉仮設住宅を設置し、供与することができることとされている。

福祉仮設住宅はグループホーム型仮設住宅とも呼ばれ、生活援助員室や共同利用室を設置できるほか、便所、風呂、調理室等を共同利用を前提とした仕様とすることができる。ただし、生活援助員の配置については災害救助法の適用はなく、必要に応じて老人居宅介護等事業等により配置することとなる。*13

福祉仮設住宅（グループホーム型仮設住宅）は、阪神・淡路大震災における取組が先例となっている。詳しい記録が残っているのでここで紹介することとしたい。

阪神・淡路大震災においては、スウェーデンのグループホームをモデルとしたグループホーム型の仮設住宅が、芦屋、西宮、尼崎、宝塚市の13か所に設置された（表3・1）。バリアフリー仕様の10戸余りの住戸と共有スペースを持ち、生活援助員（ＬＳＡ）が24時間生活援助する通称ケア付仮設住宅で当時全国初の試みであった。１棟10～14戸が１ユニットを構成し、住戸には、原

＊13　日本赤十字社『応急仮設住宅の設置に関するガイドライン』

則、トイレと洗面台と押し入れが設けられ、占有面積は4．5畳から6畳程度。平屋建てと2階建てがあり、共有スペースには、キッチン、リビングダイニング、浴室があり、24時間常駐するLSAの執務室兼宿直室が1棟につき1室設けられていた。[*14]

社会福祉法人等が運営を担い、調理等の家事援助、食事・入浴介助、通院介助、精神障がい・認知症などの入居者へのセラピー、健康相談、個別の外出・外食の同伴など、各種の生活支援業務が行われた。生活援助が必要な年齢や障がいが異なる高齢者や障がい者が共同生活を送ったが、住み慣れた地域との交流を保ちつつ、必要なケアや支え合いのある生活は安心感があり、入居者の多くが元気を回復したとされている。

一方で、神戸市においては昼間のみ常駐する生活援助員が、入居者の生活を側面的にサポートする生活援助員派遣型の仮設住宅が設置された。神戸市内に1500戸、高齢者が多く住む市街地の21か所の児童公園に、総数84棟が建設されたと記録されている。この仮設住宅は、プレハブの2階建ての寮形式で、一棟に50室程度の部屋があり、台所・風呂・トイレは共有であった。また、個別支援では、駐在するライフサポートアドバイザー（LSA）は入居者の苦情を聞くのみで解決には結びつかなかったとされている。[*15]

これらの2つのタイプが「地域型仮設住宅」と呼ばれた。当時、日本では介護保険開始前であり、個人に対してサービスを組むケアマネジャーはいない状況であったにも関わらず、こうした取組が行われたことは特筆されるべきことである。

東日本大震災においても、数多くの高齢者福祉施設が被災し、多くの高齢者が避難

表3･1　阪神・淡路大震災における地域型仮設住宅

| 区分 | 生活援助員派遣型 | グループホーム型 |
|---|---|---|
| 運営主体 | 神戸市　1,500戸<br>西宮市　126戸<br>芦屋市　98戸 | 西宮市　60戸<br>芦屋市　56戸<br>尼崎市　48戸<br>宝塚市　27戸 |
| 対象者 | ある程度自立できるが、身体上の理由等で独立して生活するには不安のある者 | 入浴、炊事、衣服の着脱等に一部介助を有する者 |
| 事業形態 | 戸数おおむね50以上に生活援助員2人を派遣 | 介護員（各棟4人）及び看護師（各棟1人）を派遣 |
| サービス内容 | 生活指導･相談、安否確認、緊急時の対応、関係機関との連絡など | 身体介助、家事援助、夜間における臨時的対応、生活相談 |

（出典：兵庫県『「伝える」―阪神・淡路大震災の教訓』ぎょうせい、2009年）

先で不自由な生活を強いられただけでなく、被災を免れた高齢者福祉施設では定員超過が大きな問題となった。[*16]

グループホーム型仮設住宅は、介護度の高い被災者の受け入れは難しい上、防火面でも課題があるなど、万全な解決策となるものではないが、支援を必要とする高齢者等の受け入れ先の絶対数が不足する中で、一定の対策にはなりうるものである。建設に当たっては、市町村における福祉事業者との協議調整に一定の期間を要するので、できれば震災後早い段階で県と市町村との間で協議していくことが望ましいと考えられる。

＊14　兵庫県「阪神・淡路大震災復興10年総括検証・提言報告」『第3編　1－11　ユニバーサルデザインのまちづくり』2005年3月

＊15　神戸市『阪神・淡路大震災の概要及び復興』2011年1月

＊16　「焦点／高齢者ケア、受け皿パンク／再建支援に遅れ」、河北新報、2011年5月30日

## ☑東日本大震災におけるグループホーム型仮設住宅の建設

東日本大震災におけるグループホーム型仮設住宅は、サポートセンターと同様に厚生労働省からの「高齢者等のサポート拠点等の設置について」の通知で、阪神・淡路大震災における事例が示されるとともに積極的な整備が促され、以降被災3県による建設が進められた。

グループホーム型仮設住宅は、岩手県に10か所120戸、宮城県に21か所290戸、福島県に2か所18戸が建設された。

岩手県においては、4月19日以降、グループホーム型仮設住宅の建設検討を進め、設計プランを作成するのと並行して、市町村に建設地の立案を依頼した。

設計においては、玄関に風除室を組み込んだプランとし、キッチンは防火に配慮してＩＨクッキングヒーターとした。また、物干し用のデッキを設けるなど、使い勝手に配慮した（図3・5）。

＊17　石井敏「グループホーム型仮設住宅」『建築雑誌　№1624』日本建築学会、2011年11月、19ページ

多くの運営主体からは、こうした施設が設けられて非常に有難いとの声をいただいた。特に、山田町では、知的障がい者施設が被災し、水道も下水道も使えない廃ホテルなどを転々としていた障がい者を受け入れることができた。従業員の負担は相当であったと思われるし、落ち着いた場所が確保できてご家族の方も安心されたことだろう。

今回のグループホーム型仮設住宅は、大きく分けて2タイプ、被災した介護施設の要望を受けて整備される「仮設施設」と、仮設住宅の一つとして自治体が計画し、生活援助員により居住者の見守りやサポートを行う「ケア付き仮設住宅」が整備された。前者は、介護事業所が事業所認定を受け、介護保険に基づくサービスを提供する。今回はこのタイプが大部分を占める。後者は、阪神・淡路大震災の際に登場したような共同の仮設住宅のタイプである。このタイプ

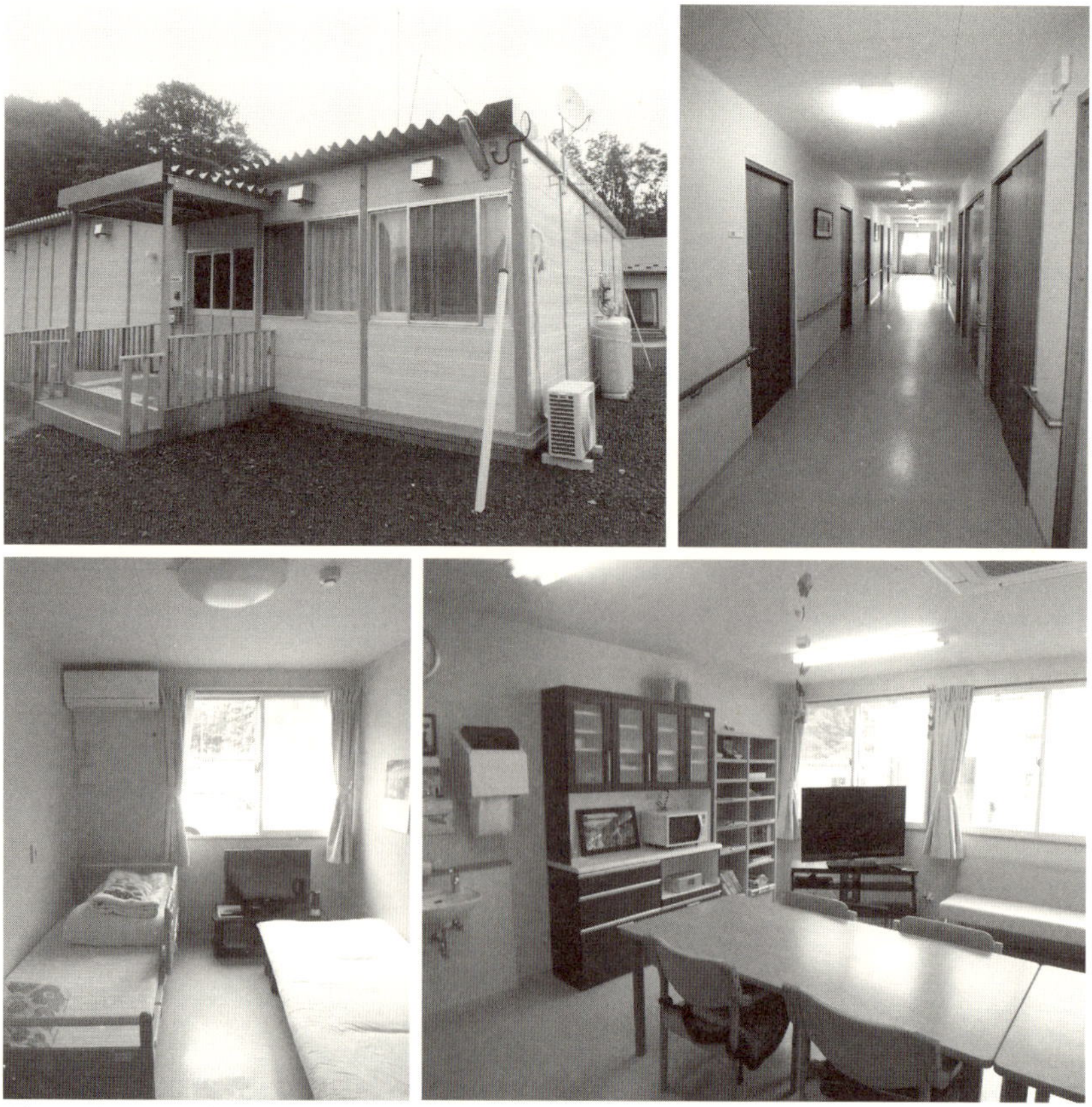

グループホーム型仮設住宅の外観・内観

については、運営主体や運営経費をどうするかなどの課題があり、結果的には整備が進まなかった。この点については、阪神・淡路大震災時と比較し、介護保険制度やケアマネージャーに関する体系が確立されたことなどが、逆に「住宅」でも「施設」でもないニーズを顕在化させ難くした状況もあると指摘されている。[*17]

グループホーム型仮設住宅の出来はおおむね満足できるレベルであったが、岩手県の冬は厳しく、吹き込み防止のため玄関の外にさらに囲いが必要となった。そのほか、完成後、利用者から改善すべき点として、以下のような指摘があった。

・玄関前のスロープに屋根、階段の中央に手すり設置を
・洗面台が高く車いすの人には使いにくい、トイレの電気スイッチが車いすの人には高すぎる
・各室のリモコン式の照明スイッチが高齢者には使いにくい
・各部屋に収納が欲しかった
・洗濯機スペースが足りない、洗濯機パンが合わない、台所の設備が不足
・トイレットペーパーの位置が悪い

障がい者を対象にした施設では「失禁するので、床がカーペットでない方がよかった」という指摘もあった。グループホーム型仮設住宅は震災後の慌ただしい中で設計及び建設を進めていかなければならないが、限られた時間の中でも、できる限り入居者の特性に応じた配慮を行うことが求められる。

また、岩手県では1棟につき10部屋としたプランで建設を行ったため、より小

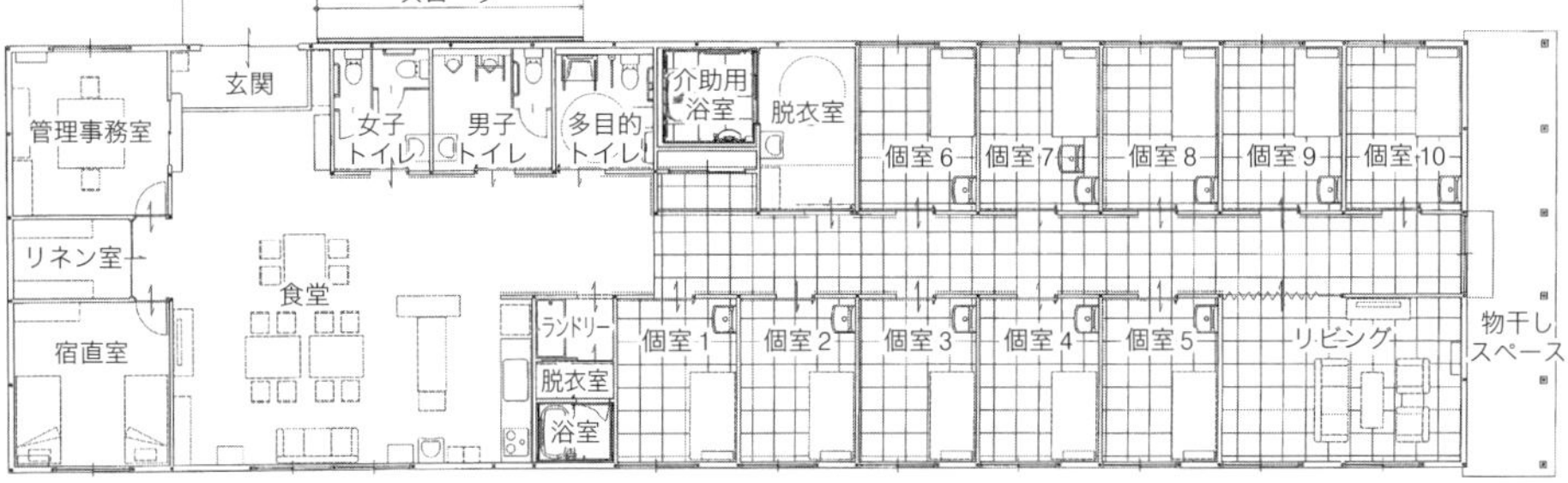


○施設規模：約300m²／1棟当たり個室10室
○施設内容：居室、リビング、浴室、ランドリー、トイレ、事務室、宿直室等

**図3·5　グループホーム型仮設住宅の平面図**（出典：プレハブ建築協会資料）

規模な施設を必要とする場合に対応が行き届かなかった。この点については、宮城県は定員に幅を持たせる設計としており、グループホーム1棟における戸数をニーズに合わせてアレンジすることが適切であると考えられる。

## ☑南入り仮設住宅の実現

東日本大震災における仮設住宅団地は、北入り南向きの住棟の並列配置が基本となったが、これだとどうしても殺風景となりがちである。中越地震の際は、豪雪地帯であり雪下ろしのスペースが必要なこともあって、東向き西向きの住戸を建てて玄関を向かい合わせにし、玄関のない住棟間に雪を下す配置設計としていた（図3・6）。今回の震災でも、中越地震のように東向きと西向きの住戸とすることも考えられたが、日照面での課題があり、夏に強烈な西日が当たる西向き住戸は入居者に嫌われる種となってしまう。一方で南向きの住宅を反転させた場合には、北向きの住戸を作ることになり、これは入居者にさらに受けが悪いだろうと思われた。また、住棟間隔が狭いと、東西向きあるいは南北向きの住戸のそれぞれの居室の窓が向き合ってしまい、プライバシーの点からも問題があった。

そんな中、5月末に、建築家の山本理顕氏から、玄関の向かい合わせを実現すべきだという提案があった。山本理顕氏は集合住宅におけるコミュニティづくりに一家言ある方で、熊本では広場を囲むスタイルの公営住宅の設計を、韓国では全面ガラス張りの集合住宅の設計を行っていた。

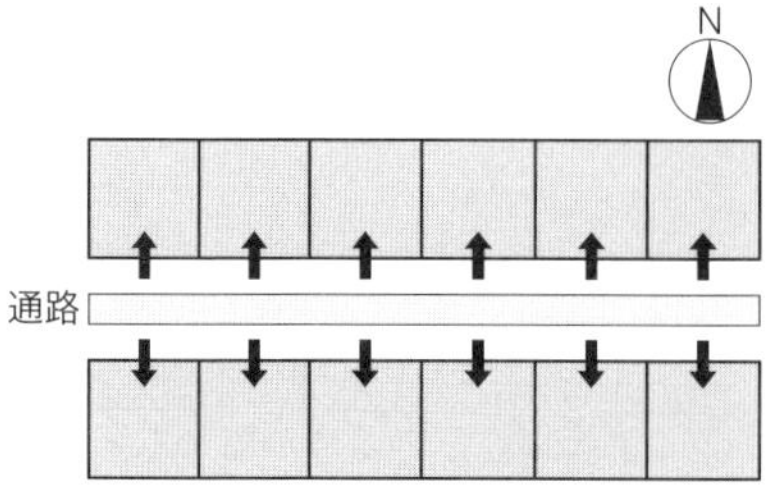

図3・7　東日本大震災における配置（南入りと北入り）

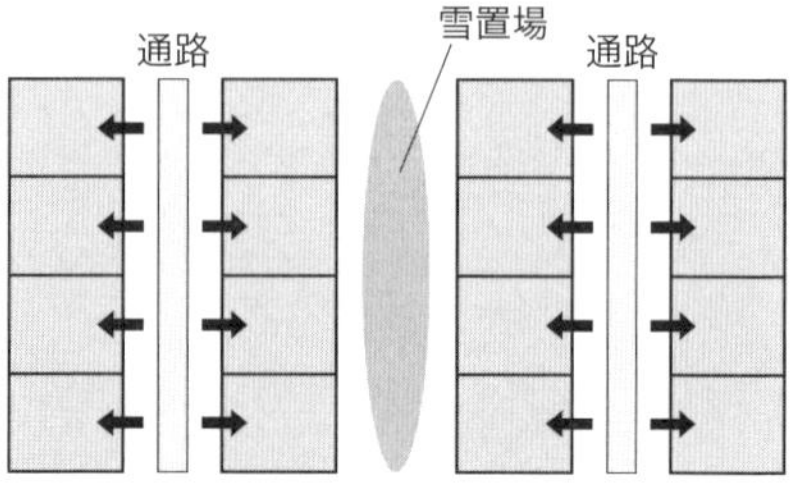

図3・6　中越地震における配置（東入りと西入り）

南向きの住戸でも、向かい合わせにすることができないだろうかと、プレ協の方と打ち合わせをすることにした。

答えは意外に簡単に見つかった。プレ協の仮設住宅は入り口を入ると台所なのだが、玄関が引き戸ですりガラス入りのため、玄関から採光がとれる造りになっている。居室のうちの1室と台所を南に配置する「南入り南向き住戸」のプランが数日のうちにはできあがった（図3・7、3・8）。

6月に入り、仮設住宅の大量建設が一段落したことから、プレ協も設計変更に協力的に対応してくれた。設計変更を行うと建設に使う部材の変更が発生しがちであるが、極力部材の変更のないプランが作成できた。

ただし、6月には既に仮設住宅建設の最終期に入っていて、未着工の団地はほとんど残っていなかった。プレ協との調整の結果、南入り南向き住戸を導入できた団地は、宮古市と山田町の計2団地にとどまった。このほか釜石市平田の仮設住宅団地においても、建設事業者の協力により南入り南向き住戸を導入することができた。また、福島県においても同様の取組が行われ、南入り南向き住戸の建設が進められた。

南入り南向き住戸のメリットは、北入り住戸と並べて建設すると玄関を向かい合わせにできること、通路が集約できコミュニティ形成に資する上に通路整備の効率が上がること、台所と居室のうち1室を南向きに配置できることなどが挙げられる。玄関が向かい合わせになると、ちょうど向こう三軒両隣というご近所さんができる

南入り住戸の外観・内観（釜石市平田）

ことになる。釜石市平田の仮設住宅では、山本理顕氏の提案で通路ごとに「ひまわり通り」などの通り名がつけられることになった。

一方で、玄関の向かい合わせについては、「他人から見られる・見える」といったプライバシーに関することや、「居室の日当たりの格差がある」といった入居者の意見もあり、管理市町村から今後玄関対面配置は採用しないといった意見もある。[*18]

南入り住戸の採用に当たっては、住棟の間隔確保や、玄関や窓の位置を向かい違いにするなどの配慮をすることも必要だろう。

## ☑みんなの家

街を根こそぎ流した震災の出来事は、建築家を始めとする建築関係者にとっても大きな衝撃であった。建築は何のためにあるのか、考え直さずにはいられない。そんな思いを持った5名の著名な建築家の方が、震災復興のために活動する「帰心の会」を結成した。ちなみに、「帰心」とは「わが家に帰りたいと願う心」（大辞泉）であるが、隈研吾（K）、伊東豊雄（I）、妹島和世（S）、山本理顕（Y）、内藤廣（N）各氏の頭文字をとって付けられたものである。

＊18　国土交通省『応急仮設住宅建設必携中間とりまとめ』2012年5月

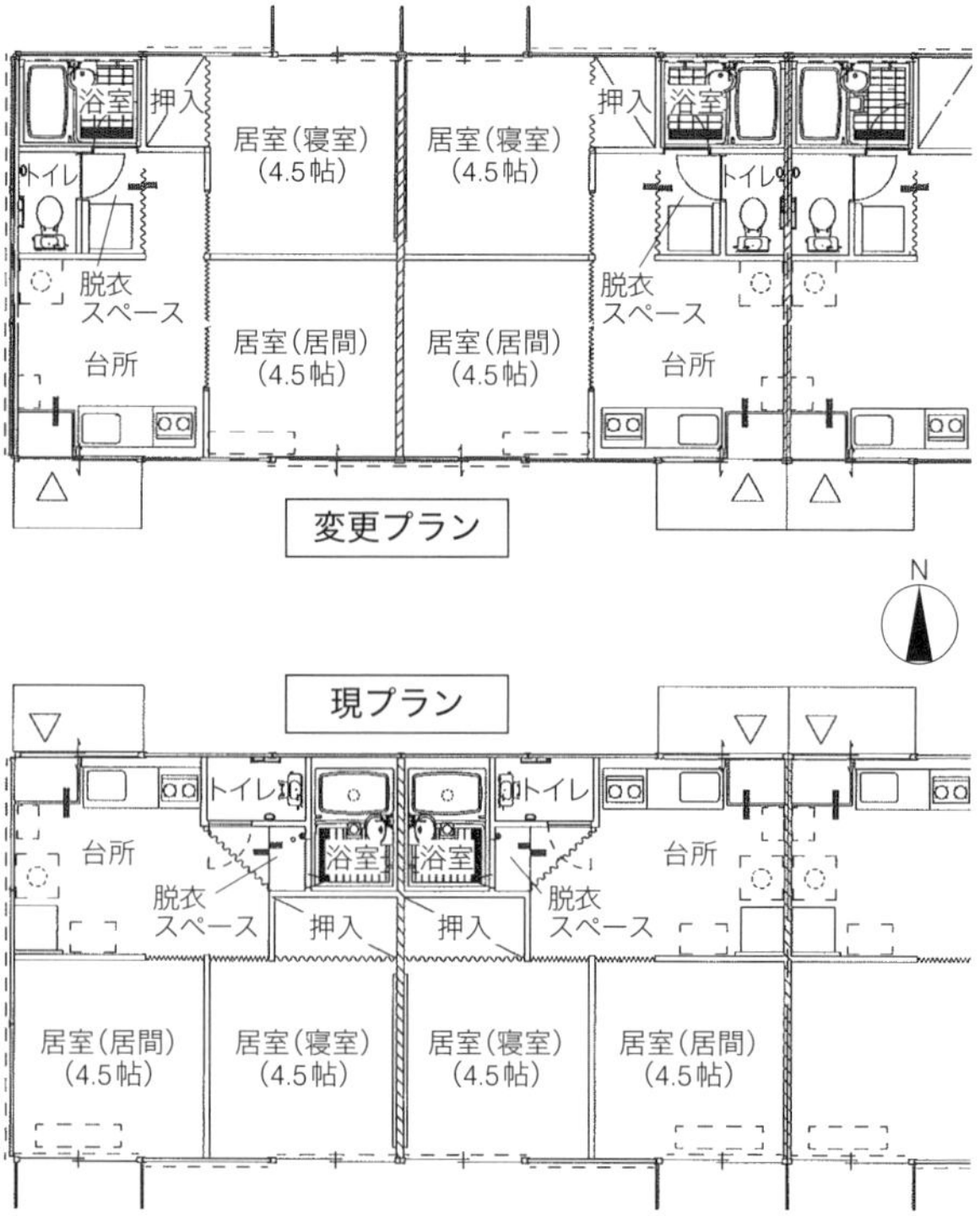

図3・8　南入り南向きの住戸プラン（出典：プレハブ建築協会資料）

建築家は壮大な計画を練るものと思われがちだが、帰心の会の方々は、「被災地で建築家が活動するためには、信頼関係を築くことが重要」と被災地に足を運び、自治体の方や被災住民の方と話し合いをし、「建築の原点は人の集まる場所」と思い定め、地道に小さな「人の集まる場所」づくりを行う活動を始めた。

仮設住宅団地の一角に建築家による小さな集会所を作る取組は、①家を失った人々が集まって語り合い、心の安らぎを得ることのできる共同の小屋、②住む人と建てる人が一体となって作る小屋、③利用する人々が復興を語り合う拠点となる場所を意図して、「みんなの家」プロジェクトと名付けられた。建築家が一方的に突っ走るのではなく、自治体や住民との関係を着実に築き上げながら、検討が進められた。

岩手県が特に深く関わったのは、釜石市平田の「みんなの家」であった。仮設住宅の建設が終わった9月頃、山本理顕氏から提案されたイメージ図には、県職員一同面食らった。「肉まん?」にも似たような造形、螺旋状の構造体。このような建物が建てられるのか、半信半疑であったが、地元釜石市は乗り気になってくれ、市長から速やかに建設の承認が下りた。

当初は災害救助法の適用を受けて、「集会所」として建設することも考えたが、あいにくにも釜石市平田の仮設住宅団地には空き住戸が多かったため、新たに集会所を建てることは不可であった。建物を建てるためにはまずお金を集めなければならない。まさに建築の原点を地でいくように、山本理顕氏は各団体などからの寄付

「みんなの家」の外観・内観（釜石市平田）

金集めに奔走することとなった。

コストを絞らざるを得ず、プランはかなりシンプルになったが、各団体からの善意により、キッチンや備品などは立派なものが設置されることとなった。着工は震災1年後の4月にずれ込んだが、無事5月には完成に至った。

完成した釜石市平田の「みんなの家」は別名「タジン鍋」（！）と呼ばれ、団地の住民の方に愛される建物となった。屋根には幕が使われ、夜は仮設住宅団地の一角に「タジン鍋」が白く浮かび上がる。建築は美しいことのみが大事なのではなく、人々に使われ、愛されることが大事なのだ。建設には、設計事務所の関係者や学生ボランティアなど多くの方が泊まりがけで参加したが、皆が強くそのことを実感したプロジェクトではなかったかと思う。

「みんなの家」はこのほか釜石市にもう1か所、東松島市に2か所、仙台市に1か所、そして陸前高田市に1か所建てられた。陸前高田市内で建てた「みんなの家」がベネチアの国際建築展で金獅子賞を獲得したことは、全国的にも大きなニュースとなった。

また、一連の取組は、２０１２年グッドデザイン賞の大賞候補に選出された。個々のデザインよりも、被災住民とともに造り上げ、人のつながりを生み出す「仕組み」のデザインが高い評価を受けた結果であった。

## 3 完成後の追加対策

### 数々の苦情

仮設住宅の建設が完了し、被災者に避難所から移って入居していただけたのはよかったが、残念ながらそれで一段落ということはなかった。被災者の入居が進んだ6月以降、数々の苦情が殺到するようになったのである。

東北の被災者は我慢強い、というイメージがあるが、仮設住宅に関しては我慢してくれなかった。いや、さすがに我慢できるレベルを超えるような不具合が数多く発生してしまった。床の隙間からアリが這い上がったり、窓枠の隙間から風が吹き込んだり、雨漏り、天井のはがれというのもあった。岩手県における苦情連絡件数は、6月末にはあっさり8百件を突破。不具合の大量発生はすぐに報道に取り上げられ、議会からも大きな問題点として指摘された。

短期間に大量に建設しなければならない仮設住宅ゆえ、ある程度の不具合の発生は覚悟していたが、それにしても多すぎた。プレ協には、丁寧な施工を指示するとともに、隙間チェックなど不具合や苦情の発生を想定して完成時の検査を徹底することとした。

また、岩手県では苦情の連絡に一元対応する受付窓口として「保守管理センター」を設けることとした（図3・9）。本来仮設住宅は契約上は完成時に市町村に引き渡すので、その後の苦情対応は市町村で、ということになる。しかし、設置した責任は県にあるし、市町村は入居対応に忙しく、苦情対応まで行うのでは事務がパンクしてしまう。このため、苦情対応は、公営住宅の管理を行っている財団法人岩手県建築住宅センターに委託し、公営住宅と同様24時間対応を行ってもらうことにしたのである。また、岩手県では、プレ協が建設に当たった仮設住宅のみならず、地元の工務店等が建てた仮設住宅もあったため、窓口を一元化することにより苦情対応の効率を高めるにも効果的であった。

ちなみに、苦情の内容を並べてみると、以下のとおりである。

・部屋が狭い、キッチンが狭い、特に調理台部分が狭い
・むき出しの鉄骨が熱い、結露する
・床などの隙間からアリや虫が侵入する
・玄関の鍵がかけにくい（引き戸タイプ）、玄関にベルが欲しい

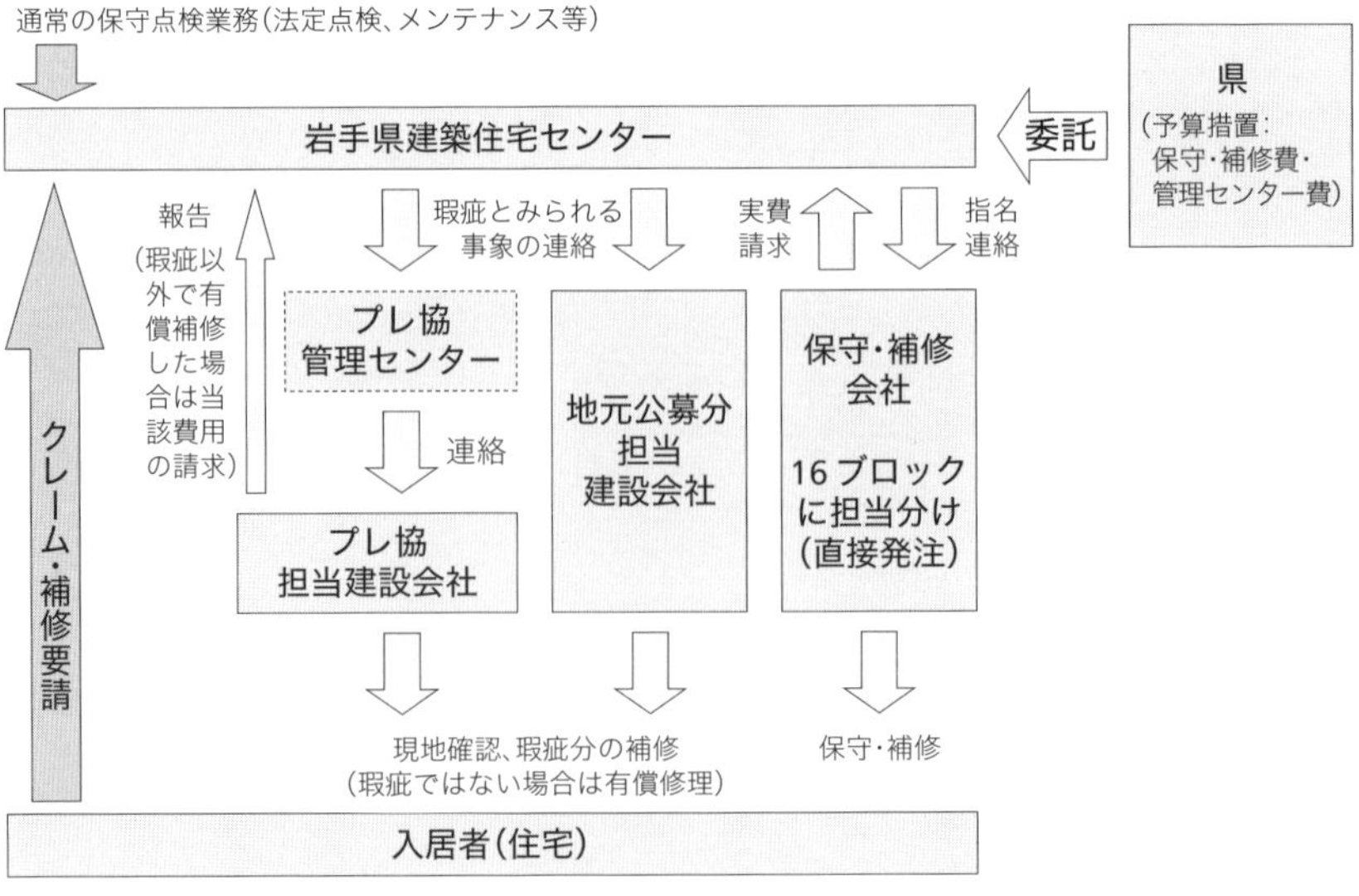


図3・9　仮設住宅に関するクレーム・補修等の対応について（岩手県の場合）（出典：国土交通省『応急仮設住宅建設必携中間とりまとめ』2012年5月）

・玄関のひさしが短く、雨が室内まで入る
・下駄箱がない
・風呂に追い焚き機能がない
・物干しの位置が高く高齢者には使いにくい、物干しに庇がなく小雨でも濡れる
・窓は履き出しにして欲しい
・部屋同士の間は壁だが一部を開けられるようにして欲しい（エアコンのない部屋の空調のため）
・収納が不足している、押入れの上部に棚が欲しい、服をかける桟が欲しい
・共同の洗い場が欲しい
・団地の入り口にカーブミラーの設置
・浄化槽の悪臭

苦情の中で特に指摘されたのが、玄関の引き戸に網戸がない、ということであった。夏でも夜は涼しくなる岩手県では、エアコンを使わずに窓を開けて通風を良くして生活する方が多い。ところが、玄関の引き戸を開けたままだと、虫が入ってきてしまう。仮設住宅が完成した時期が夏にさしかかる時期であり、また例年より早く7月11日には梅雨明けしてしまい（例年あれば7月末）、節電が求められたこともあって、玄関を開けたままにできるようにして欲しいという要望が多かった。

また、仮設住宅での暮らしが初めての共同住宅での生活となる被災者も多い。狭い上に隣の住戸とを隔てる間仕切りは遮音性が十分ではなく、テレビをつければお隣まで音が筒抜けになって

しまう。岩手県では石膏ボードを二重張りとする対策をとったが、それでも十分な遮音性とまではならない。被災者には肩身の狭い思いを強いることとならざるを得なかった。

## ✓暑さ対策、寒さ対策

岩手県では、仮設住宅の建設が一段落した7月以降、順次追加工事を実施していくことにした。これは、建設時には資材が不足していたことや、被災者の早期入居のため建設を急ぐことから、標準仕様で建てざるを得なかったのに対し、入居後でも対応できる居住性向上のための工事を追加で対応することにしたためである。

追加工事では、まず暑さ・寒さ対策として、以下の工事を実施することとした。

・壁の断熱強化、窓の2重サッシ化（プレ協規格建築部会の仮設住宅のみ）

・玄関への風除室及び網戸の設置

仮設住宅の断熱性は、一般の住宅に比べるとどうしても性能が劣る。特にプレ協規格建築部会の鉄骨造の住宅は、標準仕様だと鉄骨が室外室内とも露出する造りになっていて、そのままだと夏は鉄骨が熱くなってしまい、冬は逆にキンキンに冷えてしまう。また、冬季に雪の降ることが多い東北では、洗濯物を部屋干しする家庭も多く、湿度の上がった室内環境下では、鉄骨部に結露が発生しやすくなる。厳しい気候環境におかれている東北では、鉄骨を覆う断熱強化は効果が大きい。対策を

外断熱工事の実施状況

施した仮設住宅の方が室内気温が6度暖かいという報道もあった。

　壁の断熱強化については被災3県ともそれぞれ実施したが、岩手県と宮城県が外断熱工事を行ったのに対し、福島県では内断熱工事が行われた。外断熱工事は、入居後の部屋に入らずに工事ができるので、工事の効率性は高いが、床部など鉄骨が完全に覆われるまでには至らない。また、室内に鉄骨の柱が露出したままのため、結露が発生しやすい。一方で、内断熱工事は、入居後の部屋の中に入って行うので、工事の効率が悪く、入居者にも不便をかけることになるが、鉄骨の柱が室内に露出しなくなるので、結露の不安が大きく解消される。

　仮設住宅完成後の工事の場合には、内断熱、外断熱で一長一短があるが、建設時にあらかじめ断熱強化策を講じるのであれば、室内に鉄骨の柱が露出しない内断熱施工とすることが望ましいだろう（なお、岩手県でも、仮設住宅建設最終期は、内断熱を施した仮設住宅建設を実施した）。

　冬前には、特に仮設住宅の寒さ対策が頻繁に報道に取り上げられ、さらなる対策として、ホットカーペット等の暖房器具の配布が行われた。それと併せ、防火対策として、受水槽への消防用取水口の設置と、消火器の設置が行われた。各戸に配られた消火器は、実際にも岩手県内で2件の火災の初期消火に使われ、延焼防止に大きな効果があった。うち1件は風除室でストーブから洗濯物などに火が移ったものだったが、もう1件は仮設住宅の設備である凍結防止ヒーターが熱を帯びて発火したものであった。被災者には大変申し訳ない思いである。

外断熱工事完成後

なお、暖房器具や消火器は仮設住宅設置費として予算計上しているため、国庫負担事業のルール上は被災者が仮設住宅を退去する際には置いていってもらうことになる。被災者のために提供したものなので、転用できるといいのだが。今後の悩みの種になるかもしれない。

## ☑その他の追加工事

仮設住宅建設完了後の追加工事については、このほか入居者から寄せられた苦情なども踏まえて、以下の対策が実施された。

・物干し対策（岩手県、福島県では居室窓上部へのひさし設置、宮城県では雨どい設置）

・通路の舗装

また、入居者からの希望に応じて、カーペット敷きから畳への張り替え、玄関へのスロープ設置、室内手すりの設置を行い、団地の状況によって外灯の増設や排水溝の整備を実施した。

追加工事の項目は被災3県ともおおむね同様であったが、岩手県では遊具やプランターの設置、宮城県では排水溝の整備、福島県では掃出し窓への変更を行うなど、それぞれ独自の対応も行われた。岩手県では、断熱工事にはしばらく時間を要することから、8月に暑さ対策として緑のカーテンセットを配布し、設置することとし

スロープの設置状況

たが、ゴーヤが十分に育たず課題を残した。

さらに、震災1年後の平成24年4月には、仮設住宅設置期間が3年に延長されたのと合わせて、風呂釜の追い焚き機能の追加、団地内空きスペースへの物置の設置が認められ、順次追加工事が行われた。

被災者の入居を急ぐためには、当初は標準的な仕様で建設し、その後追加で工事を行うという方法をとらざるを得なかったが、それにしても、追加工事が五月雨式となってしまった。入居した後に度々工事のお知らせをすることになり、被災者も落ち着けなかったことだろう。また、風除室の設置が遅れた団地では、先に入居者が自前で工務店に依頼して風よけの囲いなどを付けてしまったところもあった。

これらについては、本来なら建設時にどこまで追加工事を行うのかをはっきりとさせ、入居者に無用の混乱が生じることのないよう配慮するべきである。また、仮設住宅の建設費が結果として戸当たり6百万円以上に上ったことは、追加工事を五月雨式に行ったことも一つの原因であり、コストの観点からいっても望ましいこととは言えない。

## ☑畳について

仮設住宅の標準の間取りでは、台所のほかにおおむね4畳半の居室が2室作られるが、東日本大震災における仮設住宅建設では、どちらも洋室とすることが基本と

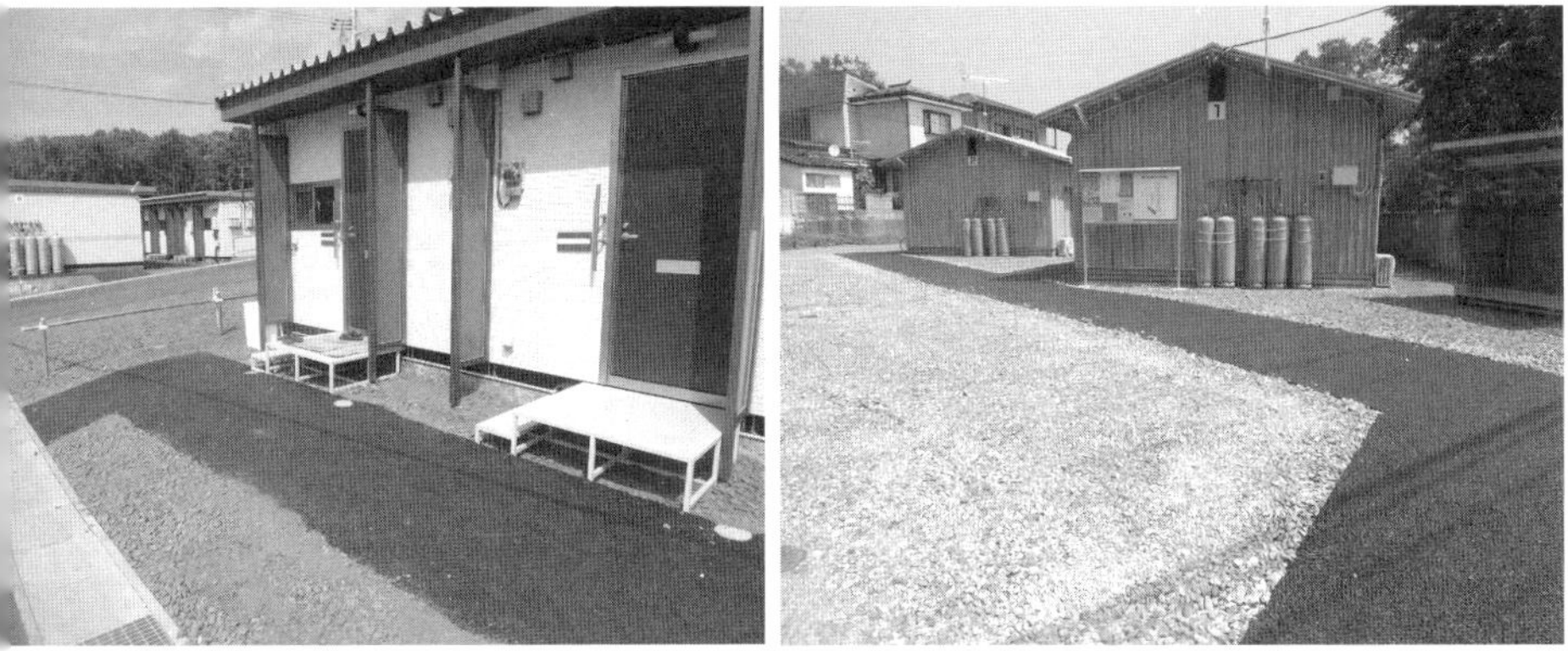

団地内舗装の状況

なった。これは、プレハブ建築協会の標準仕様が2室をいずれも洋室とするプランになっていることによるものである。

阪神・淡路大震災や中越地震の際の標準仕様書では、畳敷きが採用されていた。[*19] しかし、災害時の資材調達の難しさや廃棄物処理の負担等の観点から、平成17年の標準仕様書の見直しの際に、和室が洋室に変更されることになったのである。現在では居住スタイルの変化で洋室化が進行し、畳製造業における事業所数は減少の一途をたどっており、必要な畳の量を短期間で調達することが以前より難しくなっているのだ。

東日本大震災では、大量の仮設住宅建設を短期間に建設することを優先し、洋室2室での供給とならざるを得なかった。しかし、地方の漁港都市における災害であり、被災者には畳での生活に慣れ親しんだ方も多い。また、断熱が不十分である仮設住宅では、底冷え対策としても畳敷きは有効である。

このため、被災3県では、仮設住宅の完成後に、入居者の希望によりカーペット敷きから畳敷きへの変更を受け付けることとした。岩手県内で畳が設置された仮設住宅は9月末にはほぼ半数の約7千戸に上っており、相当な需要があることがうかがえる。ただし、完成後の変更では、畳の方が厚さがあるため、どうしても数cmの段差が生じてしまう。

一方、プレ協住宅部会や、公募で選定された事業者が建設した仮設住宅の一部には、建設時から畳敷きが採用された。建設時から畳敷きとし、設計上工夫する

畳敷きの仮設住宅の事例

ことで床面フラットを実現することができる。

　東日本大震災においては、短期間大量建設を急ぎながら、その後に畳設置に対応するという二刀流の対応にならざるを得なかったが、できれば建設時から畳の設置をしたい。特に、地方部においては、従前の居住状況も踏まえて、あらかじめ居室のうち1室を畳敷きとする標準プランを作成しておくという対応も必要と考えられる。

＊19　阪神・淡路大震災では2K、1Kの居室はいずれも和室、中越地震では2DK、3Kの居室のうち1室が和室であった。

## ☑凍結の発生

　年内にはおおむね追加工事が終わり、一段落かと思われたが、残念ながらそうはならなかった。年を明けた1月12日以降、水道管の凍結騒ぎが多数発生した。被災3県でほぼ同様に凍結騒ぎが発生し、水道管が凍結した仮設住宅の数は、それぞれ岩手県約6百戸、宮城県約1550戸、福島県約5百戸に上った。[＊20]建設時に施工を急いだため、床下の水道管に十分な水勾配がとられておらず、水抜きを行っても水が抜けなかったことなどが原因であった。

　仮設住宅の水道管には、プラスチック製の管が使われている。これは旧来の金属管と違って、自由自在に曲がり、施工性がいいのだが、凍結した時には解凍が容易でない。金属管であれば電気を流して解凍できるのだが、プラスチック管では蒸気を当てたり、外からヒーターで温めたりしなければならず、仮設住宅の大きな弱点となってしまった。

　県では風除室設置後に、床下をシートで囲う工事を順次進めていったが、残念ながら間に合わなかった。冷え込んだ日の次の日の解凍作業は1日がかり。解凍作業に当たっていただいた業者

＊20　平成24年2月8日の参議院予算委員会での小宮山厚生労働大臣答弁

の方にはフル回転していただいたが、寒い中、解凍を待つよりなかった被災者のことを思うと忍びない。床下を囲い終わっていた団地においては凍結被害の報告が大幅に減っており、作業が間に合っていたらと悔やまれるところだ。

ただ、床下を単に全面囲っただけだと、今度は夏に床下が蒸しあがってしまい、木杭の腐食進行のおそれが高くなる。この対策として、岩手県では床下換気口及び換気扇を設置し、宮城県では南側の1面は隙間を残したままとする対策をとった。また、宮城県では、封鎖した側も、温度感知式の床下換気口を設置しているとのことである。

凍結騒ぎに関しては、寒い地域にもともと暮らしているわけだから、想定外の出来事なんてとても言えるものではない。寒さの厳しい地域での仮設住宅は、寒さに対応したものを作らなければならない。それを痛感した出来事であった。

## ☑追い焚き機能の追加

追加工事の中で、最も対応が遅くなり、混乱したのが「追い焚き」機能の追加である。プレ協の標準仕様書には追い焚き機能はなく、被災3県においては、ごく一部を除いて追い焚き機能が仮設住宅に付けられることはなかった。

しかし、東北の冬は寒い。仮設住宅の断熱性も十分ではない。光熱水費は被災者の負担だ。一昔前のバランス釜でもハンドルを回せば追い焚きをすることができる。お湯を入れてもすぐ冷める浴槽に被災者の不満が募った。

床下工事の施工前

床下工事の施工後

ちなみに、日本の風呂釜は、洗浄機能付き便座と同じように独特の発展をとげている。今ではお風呂でテレビを見ることまでできる。世界標準では追い焚き機能はもちろんなく、外国人からするとハイテク日本に驚きの声が上がるようだ。

さて、世界一厳しい消費国と言われる日本の被災者の声とはいえ、県で対応することは到底困難であった。国から示された寒さ対策の中に「追い焚き」はない。県独自で設置するとなれば、その費用は膨大だ。また、被災地では慢性的な労働力不足で、被災した住宅の改修すら満足に行われていない状況だ。膨大な追加工事を行えば、被災地の労働力不足は深刻化するおそれがある。苦情には「すみませんが追い焚きは無理ですので、差し湯でお願いできますか」と答えるよりないと考えていた。ところが…。

「仮設住宅の風呂に追い焚き機能を付けてほしい」。年明け、被災地回りをする首相に被災者が強く要望したあたりから雲行きが変わってきた。2月には国会の予算委員会の質疑でも取り上げられた。そして、震災から1年、一冬が既に終わってしまった4月になって、ついに「追い焚き機能設置可」との国の方針が示されたのである。

しかし、実際に工事を発注する被災3県での対応は極めて大変だ。被災3県では、震災2年目になっても、仮設住宅改良のため、膨大な資材の調達や労働力の確保に追われることとなった。この対応を行うのは、建築住宅部門の職員である。震災1年目に済ませていれば、2年目は災害公営住宅に当たっているはずのマンパワーを仮設住宅改良のために費やさざるをえなくなってしまった。

追い焚き機能の設置前と設置後、給湯機器が大型のものに取り換えられている

市町村からは、追い焚き機能の設置に多額の費用をかけることに疑問の声もあった。この工事は、給湯設備の付け替えが必要となるため、戸当たり40万円ほどかかる。これを仮設住宅5万戸のうち希望世帯8割に設置すると仮定すると、その費用は160億円にもなる。また、産業廃棄物が発生する問題もある。

追い焚き機能の設置は、国が急転直下実施可能とする方針を示したことにより行われることとなったが、被災3県や市町村は国の方針に振り回される形となってしまった。また、仮に160億円、戸当たり40万円にもなる予算の使い道を国が決めるのではなく、市町村が自由に使えるとしたら、被災者の声を直接聞き被災地の実情を一番把握している市町村が、地域の実情に合った被災者対策を考えるのではないか。被災者や被災地の対策は、基礎自治体である市町村や県にできるだけ委ねていくことも検討されるべきことと思われる。

## ☑振り返るに

東日本大震災において建設した当初の仮設住宅は、阪神・淡路大震災や中越地震の経験を踏まえ、多少の進化はしていたが、大きなところでは違いはなかった。このため、とても寒冷地東北で耐えられる仕様にはなっていないなど、居住性に関して数多くの問題が残されたままとなり、追加で様々な工事を行わざるを得なかった。

被災3県で実施した追加対応を上げると、おおむね以下のとおりである。実に様々な工事が追加対応となった。

・外断熱工事による断熱材の追加（50㎜→100㎜）と2重サッシ化〈規格建築部会のみ〉
・玄関への風除室、網戸の設置
・ひさし又は雨どいの設置
・床下の吹き抜け防止、床下の換気扇・換気口設置
・通路舗装
・暖房器具の配布、消火器の各戸設置
・給水槽への消防用取水口の設置
・物置の設置
【要望に応じて対応】
・畳敷きへの変更
・玄関スロープの設置、手すりの増設
・追い焚き機能の追加
・外灯の増設、カーブミラーの設置

また、このほかにも一部の住宅では、窓を掃出しに変更するなどの対応が行われている。標準の仮設住宅からバージョンアップされていったような感じであるが、仮設住宅での生活の長期化が見込まれることを考えると、一定の居住性能を確保するため必要な対策であったと言える。

ただ、一方で、標準仕様の仮設住宅がいかに「ほんのひとときの仮のすまい」という観点で作られているかを実感せざるを得ない。

ほぼ完ぺきにアレンジされた福島県の仮設住宅

資材不足等の混乱さえなければ、もともと対応されるべき項目も多い。一例を挙げると、居室の窓を掃出しにすることは、居室の採光の向上のほか、各住戸の2方向避難が確保され、物干し等の利便性も高まり、効果が大きい。

今後建てられる仮設住宅では、写真のようにアレンジされた福島県の仮設住宅を参考に、改善されるべき仕様をあらかじめ盛り込んで、建設が行われるべきであろう。

# 4 章

# 得られた教訓と将来への展望

# 1 東日本大震災における対応から学べること

東日本大震災においては、プレ協のみならず地元工務店等の提案により様々な仮設住宅の建設が進められた。一方で、厚生労働省から民間賃貸住宅を借り上げる「みなし仮設」の柔軟な運用について通知が発出されたことから、みなし仮設が一気に広がりを見せ、被災者にとって住宅確保のための選択肢が広がった。

建設仮設及びみなし仮設を含む応急仮設住宅の供与実績については、表4・1のとおりとなっている。特に豊富な賃貸住宅ストックを有する宮城県や福島県においては、みなし仮設の活用が広がり、建設仮設を上回る供与戸数となったことが分かる。建設仮設については、初動期は立ち遅れたものの、5月以降は設置戸数が大幅に伸び、震災半年後の9月末までには必要戸数のほとんどが完成している。結果としては、阪神・淡路大震災において4万8300戸の仮設住宅建設に約7か月を費やしているが、これと同程度のペースとなった（図4・1）。

以降、建設仮設を中心に、東日本大震災における対応を振り返りながら、将来への教訓として

表 4·1　被災 7 県において供与されている応急仮設住宅の種類別の戸数（平成 24 年 3 月末時点）

[単位：戸]

| 種類＼県名 | 岩手 | 宮城 | 福島 | 茨城 | 栃木 | 千葉 | 長野 | 計 |
|---|---|---|---|---|---|---|---|---|
| 建設仮設住宅 | 13,984 | 22,095 | 16,464 | 10 | 20 | 230 | 55 | 52,858 |
| 民間賃貸仮設住宅 | 3,722 | 26,050 | 25,002 | 1,413 | 832 | 528 | 150 | 57,697 |
| 地方公務員宿舎 | − | − | 15 | 13 | − | − | − | 28 |
| 国家公務員宿舎等 | − | 141 | 140 | 107 | − | − | − | 388 |
| 公営住宅等 | 358 | 928 | 412 | 271 | − | 1 | − | 1,970 |
| UR 賃貸住宅 | − | 45 | − | 10 | − | − | − | 55 |
| 雇用促進住宅 | 878 | 393 | 1,179 | 370 | 196 | 96 | 62 | 3,174 |
| 計 | 18,942 | 49,652 | 43,212 | 2,194 | 1,048 | 855 | 267 | 116,170 |

（会計検査院調べ）

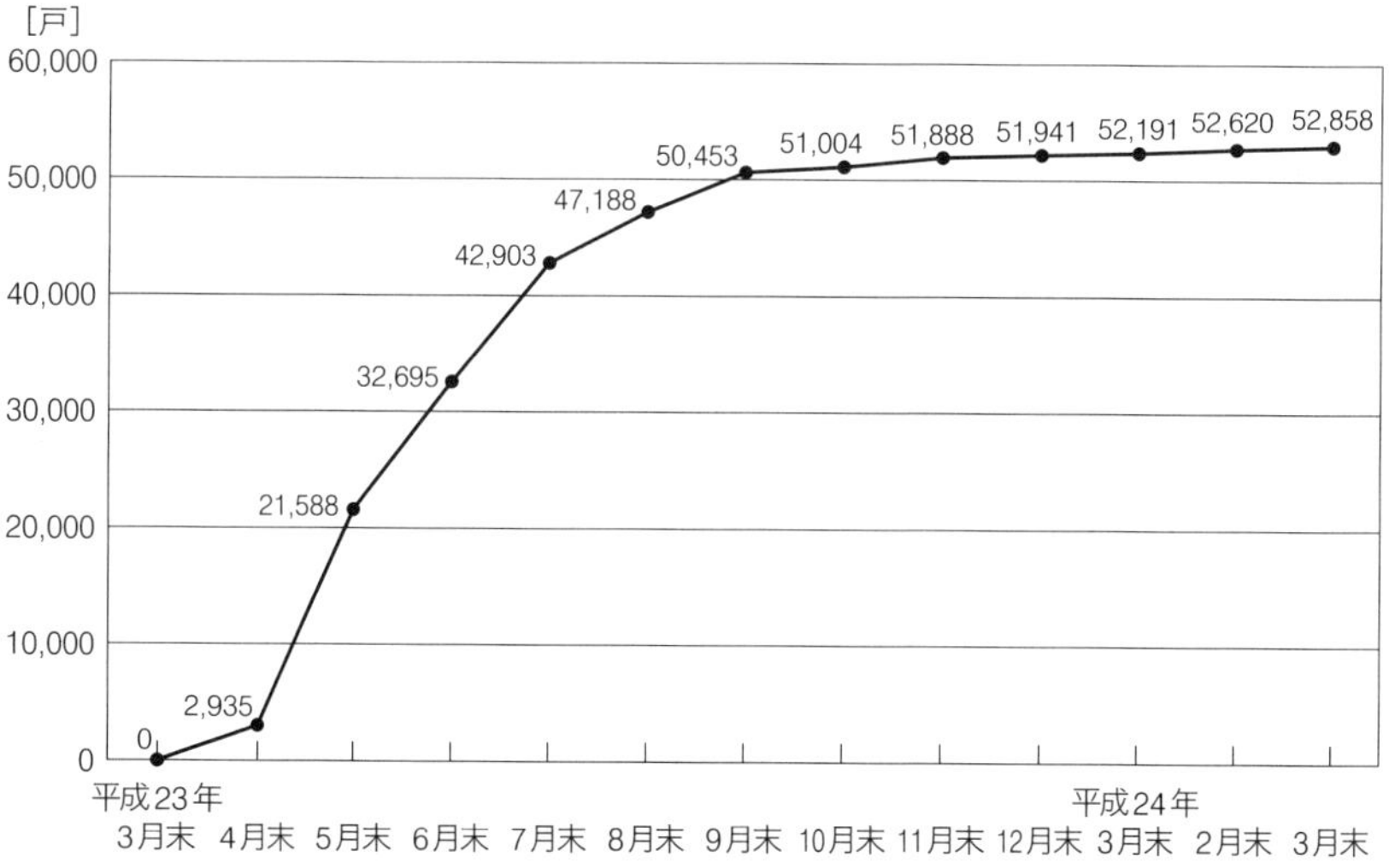


図 4·1　建設仮設住宅の設置戸数（累計）の推移（会計検査院調べ）

学べることを整理したい。

## ☑多様な建設事業者の活用

東日本大震災では、大量の仮設住宅の建設需要が発生したため、プレ協の会員企業のみではなく、公募選定などで地元の工務店等による仮設住宅建設が行われた。

プレ協規格建築部会、住宅部会及び地元工務店等の仮設住宅の造りを比較すると、表４・２のとおりである。プレ協規格建築部会の仮設住宅は、早期に着工ができ、供給能力が大きいことがメリットである。また、全国で１万戸まではリースによる契約ができ処分費が発生しないため、買取りに比べて全体経費を抑えることができる。一方で、標準プランでは鉄骨がむき出しとなっているなど、居住性にやや難があり、居住性向上のための対策が必要である。

プレ協住宅部会の仮設住宅は、居住性に関しては一般の住宅に近い。生産ラインを仮設住宅用に切り替える必要があるため立ち上がりに一定の期間を要するが、一度動き出せば全国メーカーの強みを活かして大量供給を行うことができる。ただし、今回の東日本大震災では間取りが２ＤＫに限定されたため、多様な世帯を入居させるには困難が

表 4・2　東日本大震災における各建設事業者の特徴

| 項目＼事業者 | 規格建築部会（プレハブリース系） | 住宅部会（住宅メーカー系） | 地元工務店等 |
|---|---|---|---|
| 間取り | 1DK<br>2DK<br>3K | 2DK のみ<br>（東日本大震災の場合） | 1DK<br>2DK<br>3K ほか（自由） |
| 窓 | 高窓 | 掃出し | 両タイプあり |
| 玄関 | 引き戸 | ドア | 両タイプあり |
| 工期 | 短い | 短い | やや長い |
| 居住性<br>耐久性 | 中 | 高 | 中～高 |
| 契約内容 | 1 万戸まではリース、それ以上は買取り | 買取り | 買取り |
| 着工時期 | 早期に着工可能 | 立ち上がりに時間を要する | 公募選定に時間を要する |
| 供給能力 | 大（2 か月 2 万戸） | 中（2 か月 1 万戸） | 各事業者ごとでは小 |
| 備考 | 間取りが 3 種類あるため、大規模団地向き | 2 ～ 3 人世帯用の団地向き（東日本大震災では間取りが 1 種類とされたため） | 間取りが自由で、住戸内のバリアフリー化も可能 |

伴った。多人数の世帯を入居させるためには世帯分離が必要となる一方、単身世帯でも2DKへの入居となるため、被災者にとっては不公平感が募ることとなった。

地元工務店等による仮設住宅は、公募選定に時間を要し工期もやや長い。公募開始から完成までに早くとも2か月はかかると見ておく必要がある。供給能力は各事業者ごとに見れば大きくないが、多数の事業者に発注を行うことにより、相当規模の住戸数の建設を担うことが可能である。工法や間取りに制約がなく、各事業者からの様々な提案を取り入れることが可能だ。例えば遠野市でバリアフリー化された住宅の建設を行ったように、被災者のニーズに即した多様な仮設住宅の建設を行うことができる。また、地場産材の活用や地元の雇用などが図られ、地域経済の活性化の観点からも有効である。なお、輸入資材を活用する場合、資材搬入トラブル等の懸念があり、慎重な対応が必要である。

仮設住宅の建設をどの事業者に発注するかは、被災した県や市町村の判断となるが、これらの事業者の住宅の長所及び短所をよく見極めなければならない。また、被災した規模に応じた判断が求められる。

仮設住宅の建設必要戸数が数千戸以下であれば、立ち上がりの早いプレ協規格建築部会に発注することで足りる。過去の例では、中越地震における3460戸のほとんどはプレ協規格建築部会によるものであり、住宅部会の出番はなく、地元1社が柏崎市に木質系の仮設住宅17戸を建てたのみであった。[*1] 発災した10月23日から約2か月後の12月半ばまでには仮設住宅が完成し、すべての被災者が避難所から仮設住宅に移っている。

建設の速さから言えば、プレ協規格建築部会に発注するのが最もよいが、建設戸数が少ない場

＊1　木村悟隆「仮設住宅の居住性」『新潟県中越地震被害報告書』長岡技術科学大学、2008年

合には、多少の時間はかかっても地元工務店に発注するという選択をとることも考えられる。大量の供給を必要としないのであれば、地元工務店の住宅の方が、間取りが自由であり居住性に優れるなど、利点が大きいからだ。

平成23年7月12日に発生した熊本広域大水害では、阿蘇市に木造の仮設住宅42戸が建設され、8月下旬に完成している。また、平成23年8月から9月にかけて発生した紀伊半島大水害では、和歌山県の野迫川村及び十津川村において計57戸の木造仮設住宅が建設され、11月中旬に完成している。野迫川村及び十津川村の例では被災から2か月半を要しているが、居住性の高い仮設住宅が実現している。いずれも、プレ協に発注することも可能であったが、地場産材の活用等の観点からあえて木造の仮設住宅建設を行うこととした事例である。

一方で、仮設住宅建設必要戸数が数万戸オーダーになると、プレ協に発注するのみでは供給が厳しくなる。プレ協会員企業が全力を挙げたとしても、供給可能戸数は2か月で最大3万戸だ。建設必要戸数がこれを上回る場合には、地元工務店等の活用も視野に入れる必要がある。

東日本大震災では、5万3千戸の仮設住宅のうち、約1万戸が地元工務店等によるもので建設総戸数の2割弱を占めた。[*2] 大規模な災害においては、プレ協会員企業のみならず仮設住宅の建設が可能な事業者の能力を総動員することが求められる。

＊2　国土交通省とりまとめ。平成23年10月17日時点。

## ☑県と市町村の役割分担

仮設住宅を建設するに当たっては、県と市町村が適切に役割分担を行うことが重要な鍵となる。

先に述べたとおり、仮設住宅の建設を含む供与は、災害救助法に基づき、都道府県が行うことが原則とされているが、都道府県が機械的に作業を進めるだけでは、仮設住宅の適正な立地判断がなされず、仮設住宅団地内のコミュニティ形成などに支障が生じることとなる。

東日本大震災においては、県と市町村が表4・3に示すような役割分担で、仮設住宅の建設等の対応に当たった。これについては、被災3県で概ね同様の対応であった。

特に、民有地の用地確保については、基礎自治体である市町村が有する地元地域とのネットワークを活用することが非常に重要である。大規模な災害では、被災した市町村は避難所の対応等に追われることや、建築関係の技術者が市町村単位では十分確保できないことから、被災市町村は用地確保に専念し、都道府県が仮設住宅の建設に当たることが、お互いの発揮できる能力を最も活かす形になるものと思われる。

一方で、仮設住宅の建設必要戸数については、市町村では実際に被災者から仮設住宅の申込み受付を行って実数を把握するが、都道府県においては、市町村ごとの状況を踏まえながら全体を見渡し、仮設住宅の過不足が生じることのないよう、特に不足とならないよう適切に判断する必要がある。

建設工事は、仮設住宅の設置を行う者、つまり県設置であれば県、市町村設置であれば市町村が、プレハブ建築協会等に発注し工事の管理を行う。仮設住宅の

表4・3　東日本大震災における県と市町村の役割分担

| 項目 | 役割分担 | | 備考 |
|---|---|---|---|
| | 県 | 市町村 | |
| 建設用地の選定・確保 | △ | ○ | 原則として市町村が用地を選定・確保し、県が決定した注1 |
| 供与戸数の決定 | ○ | △ | 県において、市町村の希望戸数も踏まえ、全体の必要戸数を設定 |
| 建設工事 | ○ | (○) | 県がプレハブ建築協会等に着工を要請し、工事を管理注2<br>(一部工事においては、市町が独自に建設工事を実施) |
| 入居事務 | | ○ | 県が示した入居要領に基づき、市町村が募集、入居決定、契約、鍵渡しを実施 |
| 維持管理 | | ○ | 県からの委託契約に基づき、市町村が維持管理（ただし、住宅の不具合等の修繕対応については、岩手県及び福島県では県営住宅の指定管理者に業務委託） |

注1：福島県の原発事故避難住民向けの仮設住宅用地は県が受け入れ市町村の協力の下、県が用地を選定し決定。
　2：福島県の一部工事においては、市が工事管理を担う。

建設工事は請負工事契約ではなく、建設後にリースや買取りを行う契約であるので、現場監督を行う立場ではないが、工事の進捗管理や完成後の完了検査などを設置主体となる責任において実施する。

建設工事開始後、完成時期がおおむね決まってきた段階で、市町村においては仮設住宅の入居者選定作業を行う。都道府県が設置する仮設住宅の場合には、完成時期の伝達や、完成後の鍵の引き渡しが円滑に行われるよう調整が必要である。

入居事務や維持管理については、都道府県の設置した仮設住宅の場合、都道府県からの委託に基づき市町村が行う。入退去を含む日常的な管理は、都道府県では困難で、基礎自治体である市町村が行うのが適切だからである。ただし、建物の設置責任は都道府県にあり、建物の不具合に関する苦情対応まで市町村が受け付けることとなると負担が重い。このため、岩手県においては、「応急仮設住宅保守管理センター」を財団法人岩手県建築住宅センター内に設置し、不具合等の問い合わせ対応を行った。仮設住宅建設完了後も、被災市町村の負担軽減を図っていくことは必要だろう。

このほか、被災市町村においては、被災市町村外に仮設住宅を建設することによる人口減少を強く警戒する。大規模な災害では、被災市町村外に仮設住宅を建設することがやむを得ない場合もあるが、その場合にも被災市町村の理解を得るように努めるなど、都道府県主導となりすぎないよう慎重な対応を行うことが求められる。

## ☑災害救助法所管部局との関係

先に述べたとおり、応急仮設住宅の供与は災害救助法に基づくもので、災害救助法の所管は厚生労働省、予算を確保するのも厚生労働省であった。都道府県や市町村でも、予算の計上は、多くは災害救助法所管部局[*3]（以下「救助部局」という）が担当している災害救助費という項目になる。一方で、仮設住宅の建設を担うのは、救助部局では困難であり、建築住宅部局において行うこととなる。このため、都道府県や市町村において、救助部局と建築住宅部局との連携が極めて重要なポイントとなる（表4・4）。

仮設住宅の建設必要戸数の決定については、避難者数に一定割合を掛け算する程度であれば、救助部局で算出することも可能だが、さらに公営住宅や民間賃貸住宅等への入居を想定することとなると、救助部局では手に負えなくなる。公営住宅や民間賃貸住宅のストックを把握している建築住宅部局が、どの程度ストックの活用が見込めるかを試算し、救助部局と調整していくことが必要になる。予算については、建設必要戸数と戸当たりの事業費を建築住宅部局で算出し、救助部局に協議することになるだろう。また、大規模な災害が起きた場合、プレハブ建築協会との全般的な調整や生産体制の構築は、プレハブ建築協会を所管する国土交通省住宅局が担当するため、建築住宅部局において建設必要戸数に関する情報を国土交通省に随時報告する必要がある。

仮設住宅の設置は災害救助法の適用により国庫負担対象となるが、追加工事等を実施することとなると、どこまでが対象となるか、国と協議する必要が生じてくる。国との国庫負担対象協議は、救助部局の役割となる。

＊3　自治体によって異なるが、防災部局、福祉部局又は生活部局が所管している。

工事の進捗管理、完成検査等は、建築住宅部局において行うこととなる。工事請負契約ではないため、公営住宅の建設とはやや勝手が異なるが、どちらも住宅であり、品質確保のためにしっかりとしたチェックを行うことは同様である。技術的なノウハウは、建築住宅部局に蓄積されているので、それを活用することが可能である。

また、維持管理や追加工事の対応についても、技術的な知見を必要とすることから、建築住宅部局において行わなければならない。バリアフリー改修も、手すりやスロープの設置等であれば追加工事と合わせて建築住宅部局で効率的に対応する必要があるが、障がい者や要介護者の容態に合わせて個別の対応を行う場合には、ケアマネージャー等の意見に基づき福祉部局で対応することも考えられる。

このほか、暖房機器の配布、みなし仮設や応急修理制度に関する事務は、それほど技術的な知見を必要としないため、救助部局においても対応できるだろう。

ただし、これらの役割分担は、あくまで標準的なものであり、都道府県より体制が脆弱な市町村においては、予算等の事務のうちの一部を建築住宅部局で担うことも考えら

表4·4　東日本大震災における救助部局と建築住宅部局の役割分担

| 項目 | 岩手県の場合 | | | 宮城県、福島県の場合（記載事項以外はほぼ岩手県と同様） |
|---|---|---|---|---|
| | 保健福祉部（後に復興局） | 建築住宅課 | 備考 | |
| 建設必要戸数の決定 | △ | ○ | 当初は保健福祉部だったが、後に建築住宅課主導で決定 | 宮城県は住宅課主導で、福島県は建築住宅課主導で決定 |
| 予算の確保 | ○ | | 災害救助法を所管する部局で予算措置 | 福島県は建築住宅課で予算措置 |
| 国庫負担対象に関する協議 | ○ | | 建築住宅課の原案をもとに保健福祉部が厚生労働省と協議 | |
| 契約事務<br>工事の進捗管理<br>完成検査等 | | ○ | 建設事業者（プレ協·公募選定事業者）の対応は建築住宅課 | 宮城県では、契約事務については保健福祉部が担当し内訳書の内容を住宅課で確認 |
| 維持管理追加工事 | | ○ | 苦情等を踏まえ建築住宅課で対応（消火器の配布も含む） | 宮城県では、方針を福祉部局及び住宅課で協議し、県対応と市町村対応を決定し、福祉部局で発表 |
| バリアフリー改修 | ○ | ○ | スロープ、手すり程度は建築住宅課障がい者等への個別対応は保健福祉部 | 宮城県では個別対応は市町。福島県はすべて建築住宅課で対応 |
| 暖房機器の配布 | ○ | | 復興局から市町村へ通知し、市町村が配布 | |
| みなし仮設<br>応急修理制度 | ○ | | 災害救助法関係事務として保健福祉部（後に復興局）が対応 | 宮城県では応急修理制度は建築宅地課で対応。福島県ではみなし仮設は建築住宅課が対応。 |

注：災害救助法関係は、岩手県では保健福祉部（後に復興局）、宮城県では保健福祉部、福島県では生活環境部で所管。

れる。また、入居事務については、避難所の状況を把握している救助部局が行うことも考えられる。このほか、救助部局と建築住宅部局で共同のチームを結成し、そこが応急仮設住宅関連事務を行うという方法も考えられるだろう。

なお、国において法改正が行われ、災害救助法の所管が厚生労働省から内閣府に移管されることとなった。法改正に伴い、各都道府県における災害救助法の所管の見直しが行われることになるかもしれない。

## ☑重要となる住宅確保のための総合対策

災害救助法の所管は厚生労働省であるが、都道府県や市町村において実際に仮設住宅を建設するのは建築住宅部局の仕事となる。建築住宅部局に所属する職員の多くは技術職であり、都道府県や規模の大きい市であれば建築士等の資格を有する者も多く、仮設住宅を建設するために必要な、住宅の性能や工法等に関する技術的な知見は十分備わっている。

一方で、ともすると陥りがちなのが、仮設住宅を建てることばかりに関心が集中してしまうことである。仮設住宅の建設は、被災者のための住宅確保策として有効な手段であるが、住宅を確保する手段は仮設住宅建設だけに限られるものではない。公営住宅や民間賃貸住宅など既存ストックを活用することも合わせて検討されなければならない。

また、入居後のことを考えれば、福祉的な支援やコミュニティの形成促進、バス等の交通手段の確保、日用品の買い回りなど生活利便性の確保も重要となる。

被災者向けの住宅対策は、全体を俯瞰した総合的な対策でなければならず、建築住宅部局のみで課題に対応することはできない。

そのため、都道府県や市町村においては、住宅確保に関する総合的な取組が行われるよう、建築住宅部局のほか、福祉部局、企画部局など関連する部局が相互に連携できるような体制を構築することが望ましい。

都道府県においては組織が大きいため、ややもすると形式的な連携になりがちであるが、市町村においては、具体的な課題に対応するために連携を密にすることが比較的行いやすい。このため、市町村において把握できた部局間をまたぐ課題を整理し、都道府県に対応を求めていくといった取組を行うことも考えられるだろう。

仮設住宅の建設に伴う事情に被災者を合わせるのではなく、被災者の事情に合わせて住宅確保や関連する対策を進めていくことが重要である。

## ☑部局間連携不足による問題

部局間の連携が重要であるのは確かだが、一方で連携というのは骨の折れる仕事だ。相手の部局と役割分担、進捗調整、見解が異なった場合の協議などを行っていかなければならず、部局内で済ますことのできる業務の何倍も手間がかかることになる。

通常業務ならまだしも、災害時対応において、部局間調整を行うことは困難を極める。時間との勝負である仮設住宅の建設に、より時間のかかることを持ち込むことは、引いてはマイナスの効果しか生まないおそれもある。

東日本大震災においては、仮設住宅の建設時における他部局との連携は、グループホーム型仮設住宅やサポートセンターの設置など、限られた範囲では行われたが、さらに踏み込んだ連携はあまり行われなかった。このため、仮設住宅団地のほとんどは、仮設住宅ばかりが建ち並ぶ、無機質な団地にならざるを得なかった。

岩手県を含む数百戸規模の高台のほとんどの仮設住宅団地に生活利便施設はない。また、福島県の約1千戸規模の工業団地では移動販売車によるサービスは行われたのだが、利便施設は何もない。1千戸と言えば、町と言っていい規模だ。それでも、岩手県を含め、仮設住宅建設を担当する部局には、仮設住宅を建設すること以外の発想を十分持つことができなかった。建設当時は、とにかく仮設住宅の建設を進めること以外に手間と時間をかける余裕がなかったのだ。

こうした行政の縦割りの弊害を除去するには、専門家の知恵が必要だ。

釜石市と遠野市には、東京大学高齢社会総合研究機構の有識者が入り、コミュニティケア型仮設住宅の建設が提案された。これは特許を必要とするものでも何でもなく、仮設住宅に入居する被災者の視点から、部局横断型で仮設住宅団地を作るという提案である。全体を俯瞰し、入居後のことを考え、仮設のまちを被災者に用意するという発想であった。

遠野市では、既存の市街地が近いため、仮設住宅にサポートセンター機能を有する集会所を設けるにとどまったが、釜石市平田の仮設住宅団地では、敷地の中央にサポートセンターのほか、日用品買い回り等のための店舗や、バス停とバス転回場が設けられた。入居者は団地内で、生活に必要な日用品を買い、サポートセンターで健康支援を受け、団地内のバス停から出かけることもできる。

仮設住宅建設時に、これらの施設すべてを計画することは難しい作業であるが、敷地に余裕を持たせることは可能だ。仮設住宅の建設完了後に追加工事を行ったように、団地に不足している施設についても追加で建設を行っていくことを考える必要があった。その点、検討が至らなかったことは、東日本大震災対応における反省点としなければならない。

## ☑そのほか特に反省すべきこと

東日本大震災における対応では、地元工務店等による仮設住宅建設や、コミュニティに配慮した仮設住宅の建設など、これまでの震災対応より前進した取組もあった一方で、浮かび上がってきた課題も数多くあった。

仮設住宅建設対応で特に反省すべき点としては、以下のことが挙げられる。

### 1 建設候補地リストが使い物にならなかったこと

岩手県では各市町村において、仮設住宅の建設可能地のリストを作成していたが、丁寧なリストアップを行っていない市町村もあった。また、公有地のみのリストアップで可能地数が限定的であった上に、候補とされていた建設可能地には被災した海沿いの立地だったものもあり、甚大な被害を受けた震災対応においては、全くと言っていいほど役に立たなかった。岩手県及び市町村は、一から仮設住宅建設地探しを始めなければならず、適切なリストがなかったことは、仮設住宅建設初動期の立ち上がりの遅れに大きく影響した。

一方で、宮城県では、第一次発注候補リストを検討する際には役に立ったとのことである。大震災に備えて万全のリストを作成することは難しいと思われるが、日頃からの準備が初動対応に影響することを肝に銘じておく必要がある。

### ②不均一な仕様

仮設住宅は、まずプレ協規格建築部会及び住宅部会のそれぞれの会員企業によって建設が進められるが、規格建築部会の住宅は現場事務所がベースであるのに対し、住宅部会の住宅は一般の住宅がベースで、居住性及び耐久性に大きな差がある。規格建築部会の住宅は、標準仕様では鉄骨が室内と屋外に露出する造りとなっており、断熱性能が著しく低い。

同じ被災者を、居住性の違う仮設住宅に入居させることとなり、規格建築部会の住宅に入居した被災者からは苦情と不満の声が寄せられた。

### ③工期を急いだことによって起こった問題

避難所にいる被災者を一刻も早く仮設住宅に入居させるため建設工事を急いだが、そのことにより丁寧な施工が行われなかった住宅も一部発生した。このため、仮設住宅の完成後は数多くの苦情が寄せられ、県や市町村はその対応に追われることとなった。雨漏りやすき間の発生は施工不良によるものであり、入居者からの苦情を受け、建設事業者に補修を求めたが、後手後手の対応となってしまった。

また、給水配管の勾配が十分とれていなかったことなどから、冬季には水抜きをしたのに凍結が発生するという事態が相次いだ。その後、床下の囲いの設置などにより改善したが、建設時の仮設住宅は寒冷地対応が不十分なものであった。

## ④工期管理の問題

プレ協会員企業による仮設住宅の建設は、着工からおおむね3週間程度で完成するものとされているが、造成が必要な団地も多かったことなど、沿岸被災地の用地の条件の悪さのため、効率的な工事を実施することができず、工期が大幅に伸びた。このため、国土交通省がプレ協に強力に働きかけたにもかかわらず、5月末に3万戸という中間目標を達成することはできなかった。

また、公募によって選定された地元工務店等が仮設住宅の建設を担うこととなったが、人材や資材の確保に苦慮したために工期が大幅に遅延した団地もあった。仮設住宅完成後は、建設した事業者がそれぞれ追加工事の対応を行ったが、追加工事においても同様に工期の遅れが発生した。

## ⑤後追いとなった対策

仮設住宅の完成後に発生した問題に対処するように、五月雨式に追加工事を行っていったため、寒さ対策が年内には間に合わず越年するものもあったなど、対応の遅れが発生した。ゴーヤの緑のカーテンは、設置が8月だったため、十分に育たなかった。風除室の設置を行う際には、既に自腹で囲いを設けた入居者もいたため、あらかじめ追加工事の方針が示されなかったことに対して強い不満の声が聞かれた。

追い焚き機能の追加と物置の設置は、震災後1年経過後の4月にようやく方針が決まったため、2年目に入っても仮設住宅の追加工事の対応に追われることとなった。

※

これらのことについては、未曾有と言われる規模の災害で資材や人手が不足する状況であったことや、用地が極めて限られる沿岸被災地に立地を求めたことに原因があるものなど、やむを得ない面もあるが、阪神・淡路大震災や中越地震における取組を教訓にした平素からの災害への備えが不十分であったものもある。今回の震災において生じた問題点をしっかりと教訓にしなければならない。

## ☑特に改善が図られたこと

ここまで反省点ばかりを並べたが、今回の震災対応においては、様々な関係者の尽力によって、前例の少ない取組や、目を見張るような素晴らしい取組があったことも事実である。それらを以下にまとめることとしたい。

### 1 住田町など市町村独自の積極的な取組

仮設住宅の建設の発注は原則として都道府県とされているが、東日本大震災においては、市町村による独自の取組も進められた。特に、住田町では、震災直後に町長の強いリーダーシップで仮設住宅の建設を決断し、地場産材を活用した住田町ならではの仮設住宅が造られた。

また、遠野市や南三陸町、山元町でもそれぞれの市町の独自の取組により、木造の仮設住宅の建設が行われた。女川町においては、仮設住宅建設用地の不足を解消するため、建築家坂茂氏の設計提案による2～3階建ての仮設住宅が建設された。

それぞれ、前例にとらわれない市町村独自の積極的な取組として高く評価されるべきものである。

### ②地元工務店等による仮設住宅建設

被災3県では、プレ協会員企業以外に発注する道を作るべく、仮設住宅建設事業者の公募を行った。これにより、地元工務店等が仮設住宅の建設を担うことが可能となった。建設された仮設住宅5万3千戸のうち、約1万戸が地元工務店等によるもので建設総戸数の2割弱を占めた。

地元工務店等が仮設住宅建設を担うことにより、地場産材の活用や地元の雇用が図られ、地域経済の活性化に寄与した。また、和室や浴室との段差がなくバリアフリーに配慮された仮設住宅、収納不足を補うためロフトを付けた仮設住宅など、各事業者によって使い勝手に関する工夫が施された。

### ③アレンジされた仮設住宅

プレ協会員企業が建設する仮設住宅は、標準仕様が定められているが、それでは寒冷地においては断熱性能などが不十分であった。このため、仮設住宅完成後に、追加で暑さ・寒さ対策のための工事が行われた。また、通路の舗装なども行われ、これらの工事によって居住性が格段に向上した。

一部の団地においては、玄関を向かい合わせとするため南入り南向きの仮設住宅も建設された。

### ④コミュニティなどへの配慮

被災者の健康面や孤立に対する不安を少しでも解消するため、県及び市町村や関係団体等によってコミュニティ配慮に関するハード、ソフト両面の取組が行われた。

仮設住宅の装飾

学生らが作成したベンチ

サポートセンター、グループホーム型仮設住宅の設置が進んだほか、高齢者等の被災者が外出しやすいように手すりやスロープなどが施され、一部の団地においては、遊具やプランターも設置された。遠野市や釜石市平田の仮設住宅では、仮設住宅やサポートセンターの配置に工夫を凝らしたコミュニティケア型仮設住宅が建設された。

入居者選定については、宮古市で抽選なしの選定が実施され、他市町村でも被災者の希望地区を把握するなどの取組が行われた。また、被災者を支えるため仮設住宅入居後に団地の見回り・見守りや相談対応などを行う支援員が配置された。

このほか、学生らによるベンチ作成、芸術家やボランティア団体による仮設住宅の装飾、建築家によるみんなの家の建設など、多種多様な方々によって、無味乾燥な仮設住宅団地を改善するための取組が行われた。

## 5 みなし仮設の運用改善

民間賃貸住宅の借上げによって被災者に応急仮設住宅を提供する「みなし仮設」について、被災者自らが探して入居した住宅であっても、その後に県名義の契約に置き換えた場合、災害救助法の適用となって国庫負担の対象となるよう運用が改善された。

これによって、みなし仮設の活用が飛躍的に伸び、最終的には建設した仮設住宅への入居戸数を上回り、建設する仮設住宅の需要の抑制や早期の避難所の解消につながった（表4・5）。

表 4･5　主な震災等の際に供与した建設仮設住宅及び民間賃貸仮設住宅の戸数

［単位：戸］

| 主な震災等（発生年月日） | 建設仮設住宅の戸数 | 民間賃貸仮設住宅の戸数 | 計 |
|---|---|---|---|
| 阪神・淡路大震災（平成 7 年 1 月 17 日） | 48,300 | 139 | 48,439 |
| 新潟県中越地震（平成 16 年 10 月 23 日） | 3,460 | 174 | 3,634 |
| 新潟県中越沖地震（平成 19 年 7 月 16 日） | 1,222 | 2 | 1,224 |
| 岩手・宮城内陸地震（平成 20 年 6 月 14 日） | 73 | 21 | 94 |
| 東日本大震災等（平成 23 年 3 月 11、12 日） | 52,858 | 61,352 | 114,210 |

（会計検査院調べ）

# 2 平時から災害に備える

東日本大震災においては、多数の被災者が住宅を失い、当面の住宅を確保するための取組が極めて重要な課題となったが、資材や人手、用地の不足など、様々な壁にぶち当たることとなった。阪神・淡路大震災や中越地震という経験がありながら、その経験が引き継がれていたとは言い難い。日本は地震国であり、これからもいつの日か大地震に見舞われる時はやってくる。中央防災会議においては、首都直下地震や南海トラフの巨大地震の発生が想定されている。今回のことを教訓に、起こりうる今後の震災に備え、平時から取組を進めたい。

被災者のための住宅確保対策として「平時から取り組んでおくべきこと」を、東日本大震災の経験から以下に整理しておくこととしたい。

なお、仮設住宅建設に関する平時及び災害時の取組については、国土交通省が「応急仮設住宅建設必携中間とりまとめ[*4]」を作成している。また、みなし仮設についても国土交通省が「被災者に円滑に応急借上げ住宅を提供するための手引き[*5]」を作成している。地方公共団体や関係者にお

＊4　国土交通省『応急仮設住宅建設必携中間とりまとめ』2012年5月

＊5　国土交通省住宅局『災害時における民間賃貸住宅の活用について―被災者に円滑に応急借上げ住宅を提供するための手引き』2012年11月

いては、ぜひこれらを参考に事前の対策に取り組んでいただきたい。

## ✓住宅確保全般

### 1 被災世帯の想定と住宅確保方策の検討

住宅被害については、防災部局において想定される災害に応じて数字の算出が行われる。これをもとに、住宅を失った被災世帯を想定し、被災者に対する住宅確保のための方策を多面的に検討する。

被災者に対する住宅確保方策としては、建設する仮設住宅のほか、公営住宅や都市再生機構が有するＵＲ賃貸住宅等の公的住宅への入居、民間賃貸住宅（みなし仮設）への入居がある。公的住宅や民間賃貸住宅の活用を図るため、あらかじめそれらの空きストック数や市町村ごとの分布状況などを把握しておく必要がある。

局地的な災害であれば仮設住宅を建設することで事足りるが、大震災時においては、建設する仮設住宅だけでは被災者を収容できないため、特に民間賃貸住宅の活用が必要となる。被害の状況に応じて、必要となる住宅確保方策も変化することに留意が必要である。

### 2 仮の住宅への入居世帯数の想定

大震災時においては、建設仮設住宅、公的住宅、民間賃貸住宅の3種をそれぞれ仮の住宅として活用することとなる。

被害住宅戸数のうち、住宅の供与が必要となる世帯数を想定し、このうち、自宅の応急修理、再建が可能な想定世帯を除いた上で、公的住宅、民間賃貸住宅、建設する仮設住宅への入居想定世帯数をそれぞれ設定する。

国土交通省によると、近年の災害における住家被害（全壊・半壊戸数）に対する応急仮設住宅供給戸数（建設する仮設住宅とみなし仮設の合計）は、2～3割としている。[*6] ただし、地域ごとに見ると、岩手県内での住家被害（全壊・半壊）約2万5千戸に対する応急仮設住宅供給戸数は約1万7千戸であり、約7割に達している。津波被害等により全壊率が高い場合には応急仮設住宅を必要とする割合も高くなることを考慮に入れる必要がある。

建設仮設住宅と民間賃貸住宅の比率については、大都市ほど後者の比率が高くなる。また、県内全体では十分賃貸住宅の空き家ストックがあったとしても、市町村ごとでは状況が異なる。持ち家率が高く賃貸住宅があまりない地方部においては、賃貸住宅ストックの活用は限られた対策となり、建設仮設住宅を中心とした住宅確保対策が必要となる。

### ③役割分担の明確化

震災時においては、役割分担が不明確であると様々な混乱が発生する。このため、都道府県と市町村、災害救助法所管部局と建築住宅部局とで、それぞれ役割分担を明確にしておく必要がある。

仮設住宅の建設は都道府県が行うこととされているが、市町村に委任することも可能である。県においては、被害の大きい市町村や体制の脆弱な市町村における対策を重点的に進めるべきであり、建築住宅部局の体制が充実している政令指定都市等については、あらかじめ県から事務の委任を行っておくことも考えられる。

＊6　国土交通省『応急仮設住宅建設必携中間とりまとめ』2012年5月

## ☑仮設住宅建設関係

### 1 仮設住宅建設のための仕様づくり

建設する仮設住宅の仕様については、プレ協において標準仕様が定められている。しかし標準仕様では、寒冷地の冬季を乗り切るには十分な仕様とは言えず、鉄骨が室内及び室外に露出する造りでは、断熱性に難があると言わざるを得ない。

大震災における仮設住宅建設を想定する場合には、仮設住宅における居住が長期化するおそれが高いことを考慮し、仮設住宅における居住性確保についてしっかり検討する必要がある。少なくとも次の点は改善したい。

・断熱性の強化（できれば内断熱）、2重サッシ又はペアガラスの設置
・特に寒冷地においては、配管の凍結防止対策
・玄関網戸の設置

断熱性強化については、結露を避けるため鉄骨が室内に露出しない内断熱が望ましいと考えられる。玄関網戸の設置は、入居後に被災者から特に強く求められた点であるので、あらかじめ対応することが望まれる。また、以下の点についてもあらかじめ仕様に組み込んでおくとよいだろう。

・各戸界壁の遮音性強化
・ひさし又は雨どいの設置（あるいは屋根の折板を長く）
・掃出し窓
・畳（2DK以上は1室設置）

・消火器（各戸に設置）
・南入り南向きの住戸プランの作成
このほか、集会所やサポートセンター、グループホーム型仮設住宅の標準プランをあらかじめ作成しておくことも必要だろう。

### ②建設業界団体との災害時協定の締結

各都道府県においては、プレハブ建築協会と災害時協定を結んでいるが、大震災が発生した場合においては、プレ協会員企業のみでは仮設住宅の供給量が不足することが想定される。仮設住宅建設に協力する建設業界団体があれば、あらかじめその団体と災害時協定を締結しておくことが考えられる。例えば、宮崎県は全国木造建設事業協会や宮崎県建築業協会といった木造仮設住宅の建設が可能な団体と災害時の協定を締結している。

こうした協定は、いざ震災が起こった時には大きな効果を発揮するので、積極的に取り組むことが望まれる。

### ③建設事業者を公募する場合の要領づくり

大震災時において、仮設住宅建設を加速させるためには、多様な建設事業者が仮設住宅建設に参入できるようにする必要がある。

②のとおり建設業界団体と協定を締結することに加え、震災後に建設事業者を公募することを想定し、あらかじめ公募を行うための要領づくりをしておけば、震災時に迅速な対応が可能となる。東日本大震災においては、公募の準備を震災後に一から始めたため、事業者選定までには震災から約2か月の期間を要したが、この期間の大幅な短縮が可能となるだろう。

要領の作成に際しては、公募に当たっての標準となる仕様、応募資格、事業者からの提案価格や提案内容の審査方法などを整理しておくことが望まれる。

④用地の確保

前項の②で算出した建設する仮設住宅への入居想定世帯数をもとに、建設する用地の確保について検討を行う。

大震災時には、建設する仮設住宅の候補地が不足するおそれが高いため、できれば民有地も含めた候補地のリスト化を行いたい。

ただし、民有地の借料については、東日本大震災では国費による手当がなされたが、今後の取扱いは不明である。このため、借料を払うことを前提とすることは適切でないものと思われる。行政として、民間の大規模空閑地を把握し、非常時には協力を要請することもありうる旨を協議しておく程度かもしれない。

⑤配置図の作成

仮設住宅の建設候補地については、敷地面積や周辺環境等の条件を整理しておく。できればバス便の有無や周辺の公共施設などを把握しておくとよい。また、震災後即座に建設が可能となるよう、あらかじめ配置図を作成しておくとよいだろう。

この配置図には、住棟のみならず、集会所や駐車場の配置を含めることが必要だ。さらに、大規模な団地においては、仮設店舗を建設するためのスペースを確保しておくことが望まれる。

⑥入居関係書類の作成

仮設住宅建設後の入居を円滑に進めるため、建設完了時から入居に至るまでの流れを整理するとともに、必要となる書類のひな型をあらかじめ用意しておくべきである。

建設完了時には、プレ協会員企業等の建設事業者とリース又は買取りの契約を行う。また、県が建設を行い市町村が管理する場合には、県と市町村の間で管理協定を結ぶ。被災者の入居に際しては、被災者との間に住宅の使用貸借契約を締結する。少なくともこれらの書類は必要となるため、あらかじめその「ひな形」を作成する。

さらには、入居や管理に関する事務処理要領、被災者に配布する入居案内や申込書、入居の際の手引きなども作成しておくとよいだろう。

### 7 バリアフリーやコミュニティ形成等に関する指針の作成

被災者の中でも特に健康状態に留意が必要な高齢者、障がい者等に配慮して、仮設住宅における手すり及びスロープの設置、地元工務店等を活用した住戸内もバリアフリーの住宅づくり、サポートセンターやグループホーム型仮設住宅の設置等についてそれぞれ指針を作成する。また、入居者選定に当たっての高齢者、障がい者等の優先入居や、コミュニティ単位での仮設住宅への入居、入居後の見守り等の支援等についても指針を作成することにより、ハード、ソフト両面からの取組をまとめることが望ましい。

作成に当たっては、有識者や関係団体などの意見を取り入れるとよいだろう。

## ☑ 公営住宅関係

### 1 空き住戸の定期的把握

震災時に、行政の責任ですぐに活用できるのが公営住宅である。いざという時に備え、空き住戸の状況を定期的に把握しておく必要がある。また、空きストックをすぐに使うことのできるよう良好な状態に管理しておくとともに、ストック改善のために風呂釜の設置を進めていくことが求められる。

### ② 公営住宅の被災者向け提供の要領づくり

震災時に迅速に募集をかけられるようにするためには、公営住宅の被災者向け提供のための要領を作っておくことが望ましい。例えば、高齢者や障がい者等の優先入居の扱いをどうするのか、あらかじめ基準を決めておくことが考えられる。

また、住宅とともに家財を失った被災者を入居させることを考慮し、震災後に入居者募集と並行してエアコン、ガスコンロ等の設置を行うことを想定しておくとよいだろう。

## ☑ 民間住宅関係

### ① 関係団体との災害時協定の締結

震災時には、被災者が民間賃貸住宅へ円滑に入居できることが求められる。各県においては、不動産関係の団体と災害時における媒介に関する協定を締結する動きが広がっている。これは、被災された方に対し、会員宅地建物取引業者が仲介手数料を無料で賃貸住宅を紹介するもので、東日本大震災においては、

岩手県における災害時の民間賃貸住宅の媒介等に関する協定締結時の様子（出典：岩手県ホームページ）

この協定が極めて有効に働き、民間主導による被災者の入居あっせんが行われた（図4・2）。全国各地で災害時協定が締結されることが望まれる。

### ② みなし仮設の運用マニュアルづくり

民間賃貸住宅を活用した「みなし仮設」を適切に運用するために、マニュアルづくりを行っておく必要がある。借上げの手続には、大家さんから県が借り上げて被災者に貸す場合と、被災者自らが借りた住宅を県名義に置き換える場合の２通りがありうる。これらについての事務処理方法を定め、特に契約置き換えに当たって仲介手数料等の入居費用が二重払いとならないようチェックすべき点等を整理しておくとよいだろう。

## ✓訓練の実施

いざ震災が起きた時に慌てることのないよう、大規模な災害を想定して、被災者向けの住宅を確保するための模擬訓練を定期的に行う必要がある。

愛知県では、来るべき巨大災害に備えて平成17年度から毎年仮設住宅建設模擬訓練を行っている。この中では、県、市町村、協力団体の間で仮設住宅の計画・建設プロセスを確認するとともに、津波災害により予定していた建設候補地が使えなくなると仮定して、建設戸数の決定、協力団体への建設の要請、建設候補地の状況調査等のシミュレーションを行っている。

このような実践的な訓練を行うことは、特に初動期の対策として有効だろう。訓練における候補地の選定では、あらかじめ用意された建設候補地に被災者を収容するという考え方ではなく、

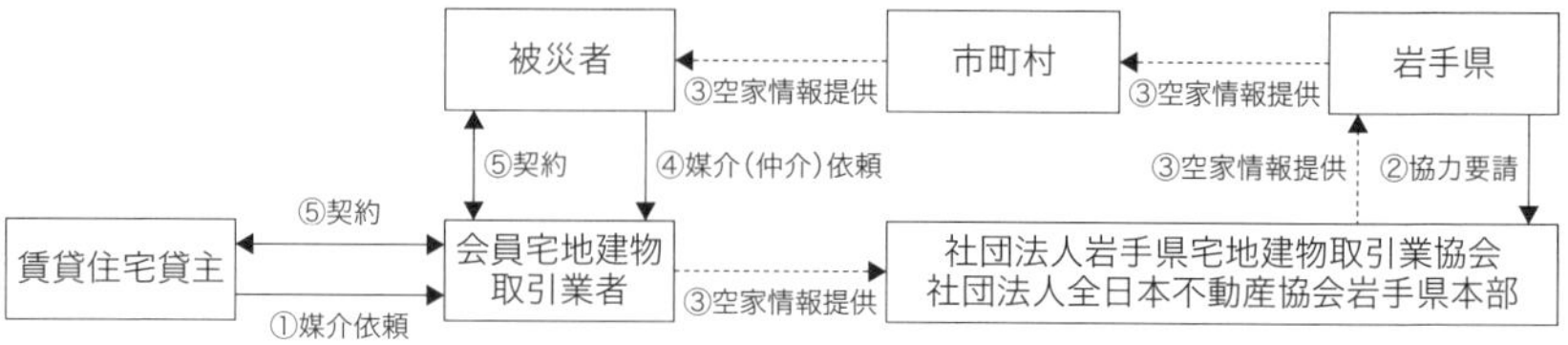


図4・2　岩手県における不動産関係団体との災害時協定の流れ（出典：岩手県ホームページ）

被災地の近くに仮設住宅団地を設けることができるか、という視点も必要だ。被害の規模によって、校庭に建てることを避けられるかどうか検討するというシミュレーションも有意義だろう。

関係者間での意識の共有が図られるほか、具体的な被害を想定したシミュレーションを行うことにより、建設用地の不足や候補地の立地上の問題点など、課題を改めて認識し、改善を行っていくことにもつながるものと考えられる。

また、できることなら、仮設住宅建設のみならず、公営住宅、民間賃貸住宅に係るストックの把握と活用方策の検討を含めた総合訓練を行っていくことが望まれる。

## ☑仮設のまちづくりシミュレーション

平時における備えとして、広域における被災者の住宅確保のための訓練のほかに、仮設住宅団地をどのようなプランとするか、シミュレーションを行っておくことも有効だ。

このためには、まず被災地の世帯構成などを把握し、その状況に見合ったものにする必要がある。仮設住宅自体の仕様の点検のほか、集会所や駐車場の適切な配置、玄関を向かい合わせとする配置、玄関にスロープを設置する住戸の割合などを検討しておくとよい（図4・3）。

愛知県における仮設住宅建設模擬訓練とモデルハウス展示の様子（出典：愛知県ホームページ）

また震災時には、どうしても仮設住宅の建設だけに盲目的になりがちである。被災者が望むのは、仮設住宅に単に入居することでなく、仮設住宅で生活できるということだ。甚大な災害では、被災地における「まち」の機能が失われてしまうこともあり、仮設住宅を建設するだけでは、被災者は生活をするのに困ってしまう。まちの機能をどう確保するかという観点を持ち、生活利便性の確保やコミュニティの形成にしっかりと配慮したい。[*7]

仮設住宅を郊外の大規模団地に建設せざるを得ない場合には、バス停を新たに設置する、仮設店舗を団地内に設けるなどの対応が必要であり、周辺の道路整備を合わせて行わなければならないこともある。仮設住宅団地の建設ではなく、仮設の「まちづくり」が必要なことを踏まえ、関係部局と認識を共有しておくことが求められる。

## ☑首都直下地震・南海トラフ巨大地震が起きたらどうなるか

震災時を想定した訓練を行う上で、被害規模をどのように設定するかは重要なポイントだ。

いざ震災が起きた時に「想定外の出来事だった」とコメントすることのないよう、最悪の事態を頭に入れて対策を講じるように努めたい。一方で、最悪事態の想定だけでは、きめ細やかで有効な対策を検討することは難しい。大規模、中規模、小規模、それぞれの被害に応じて、どのような対策が必要となるかを考え、臨機応変の対応が行えるよう

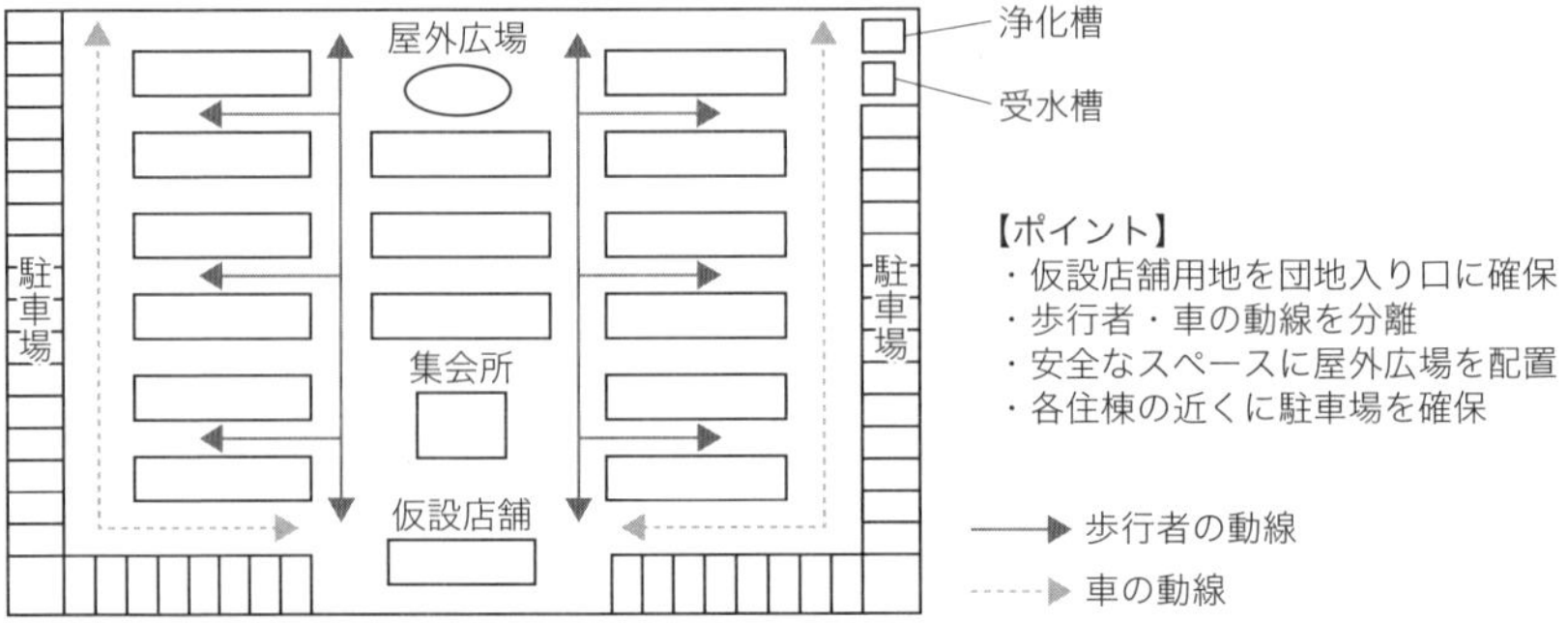


図4·3　仮設住宅団地の配置図例

に備えることが求められる。

小規模な災害では、公有地に仮設住宅を建設することで足りるが、規模が大きくなってくると、公有地だけでは足りなくなってくる。仮設住宅の建設能力は、プレ協会員企業によるもので5か月6万戸程度であり、これを大幅に上回るような被害が生じれば、仮設住宅の建設だけでは被災者向けの住宅確保は困難となる。

首都直下地震に関する中央防災会議の被害想定では、18タイプの地震動をシミュレーションして被害想定を行っており、この中で建物被害が最大となるのは東京湾北部地震が冬夕方18時、風速毎秒15 mという設定を行った場合となっている。建物全壊棟数・火災焼失棟数合わせて約85万棟、死者数は約1万1千人に達する想定だ。東日本大震災における建築物全壊は13万戸、死者約1万6千人行方不明者約3千人であり、首都直下地震における建物被害の想定はこれを圧倒的に上回る規模となっている。

ここまでの災害となると、プレ協のみならず工務店等による仮設住宅建設を加えたとしても、到底足りることはない。このため、これだけの規模の震災が起こった場合には、民間賃貸住宅の活用によって被災者向けの住宅を確保する必要があるだろう。

東京都における空き家総数は、平成20年は約75万戸あるとされ

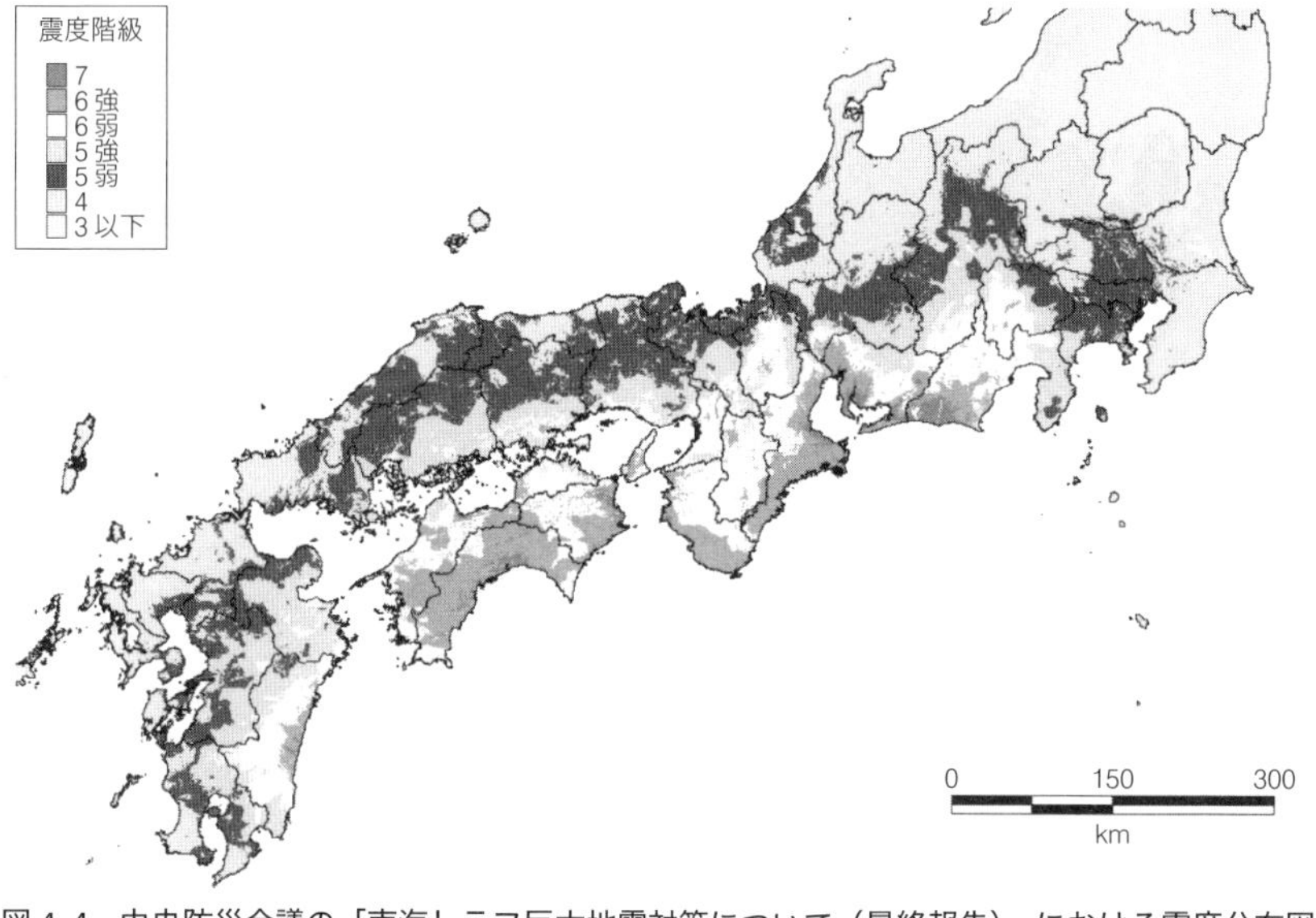


図4·4　中央防災会議の「南海トラフ巨大地震対策について（最終報告）」における震度分布図（陸側ケース）（出典：内閣府資料）

ているが、[*8]すぐに入居できる住宅はその一部と考えられ、甚大な災害が起きた場合には都内の空き住戸を活用してもまだ充足しないおそれがある。郊外住宅開発地における遊休地や、他県の民間賃貸住宅の活用が必要になってくるものと思われる。

南海トラフ巨大地震における被害想定はさらに甚大で、最悪のケースで死者は32万3千人、倒壊・焼失建物は238万6千棟に及ぶとされている（図4・4）。ここまでの被害だと、全国の賃貸住宅の空き家約413万戸[*9]を活用してようやくなんとかなるレベルだ。

災害はいつ何時、どのような規模で起きるか分からない。様々な想定をもとに、具体的なシミュレーションを行い、不足している対策は何なのかを見つめ、日ごろの備えにつなげる不断の努力が必要である。

＊7　被災者の日常生活のすべてを営むことができる施設も含んだ仮設のまちづくりについては、仮設市街地研究会『提言！仮設市街地』学芸出版社、2008年において詳しく記されているので参照されたい。

＊8　総務省「平成20年住宅・土地統計調査」

＊9　総務省「平成20年住宅・土地統計調査」

## ☑災害対応で心がけるべきこと

災害時に備えて、訓練を実施することは重要だが、一方でシミュレーションどおりに災害が起こることなどありえない。「想定外の事態だった」という言い訳をするようでは、訓練は言い訳づくりのために行っていたことになってしまう。いざ災害が起きた時には、その時その時で、実際に起きた事象に対応して最善の判断をすることが求められる。

東日本大震災の経験を踏まえ、災害対応で心がけるべきことを記しておきたい。

### 1 不要不急なことは行わない、止めていいものは止める

災害時に最も優先されるのは、被災者の命を救うことであるが、その次に必要となってくるの

が被災者の住宅を確保することである。住宅を失った方のために住宅を提供するのは、住宅政策の根幹中の根幹の仕事だ。他のどんな仕事よりも優先されなければならない。

建築住宅部局では、建築確認のほか、公営住宅の管理や営繕に関する業務を行っているが、公営住宅の新規募集をストップする、営繕業務は被災した建物の復旧に関する業務に絞るなどの対応が必要になる。

## ②総動員体制で取り組む

行政組織は近年人員削減が進められており、限られたマンパワーを災害対応にいかに振り向けられるかが迅速な対策実施の鍵となる。平時の組織体制は、災害対応を行うための人員配置を行っていないので、災害時の体制に切り替える必要がある。そのためには、住宅確保対策を行う担当課内での配置換えなどにより、仮設住宅の建設を担うチーム編成を行うことがまず必要となる。さらに、担当課の人員増強のために、他課の職員のほか、他県、他市町村の職員、都市再生機構の職員の応援を募り、体制を整えることが求められる。

## ③情報収集と情報発信を怠りなく

被災者向けの対策を迅速かつ的確に行うためには、被災者への情報発信と、被災者からの情報収集の両方を随時しっかりと行っていく必要がある。特に、被災者は先の見えない状況に不安を抱えているため、今後の見通しについてできる限り情報提供を行うよう努めなければならない。ただし、災害時であるがゆえに被災者との情報のやりとりのツールは限られている。情報発信については報道機関への記者発表や避難所の掲示を積極的に行うこととしたい。また、県と市町村とで連携を密にし、的確に情報が伝わるように努めることが重要だ。

情報収集については、電話相談窓口の設置、苦情など問い合わせ内容の類型化、新聞等の報道内容のチェックを行うほか、被災者の状況や希望を把握する調査の実施などにより、不足している対策や求められている対策を随時把握していく必要がある。

## ④失敗をおそれない

災害時は、日常の業務とは全く異なった対応が求められる。前例がない場合は慎重に事を進めるのが一般的な行政の仕事だが、災害時には前例がなくとも突き進まなければならない。建設事業者を公募すればどれだけの事業者が手を挙げるか分からないし、民有地を活用すればトラブルも増える。それでも、やらないで批判を受けるよりは、やって批判を受ける方がましである。判断基準は、被災者の住宅確保のために役立つかどうかだ。前例があるかどうかは二の次で構わない。

## ⑤前例を参考に

災害時には、前例にとらわれない対応が求められるが、一方で、前例がないと思っていても実はある、ということも多い。先人の知恵はできるだけ借りたいところだ。

震災後、最も参考になったのは阪神・淡路大震災における取組であった。このときに、民間賃貸住宅の活用やプレ協会員企業によらない輸入による仮設住宅の建設、福祉仮設住宅の建設など、本震災の先例となるような取組が行われていた。

一方で、仮設住宅を後追いで追加発注したこと、郊外団地が不人気となり避難所の閉鎖が遅れ待機所を設置せざるを得なかったこと、入居が抽選で行われた結果被災者が孤立化したことなど、教訓としなければならない課題もあった。

こうした前例について、しっかりと情報収集し課題を踏まえることが、正しい判断のためには必要なことだ。

## ⑥現場重視で

国や県が講じる対策は、現場の声が届かずに実情に合わない対策となってしまうこともある。被災地において何が不足していて何が必要か、何を行わなければならないかは、現場の状況、被災者の声を把握した上で判断していかなければならない。

被災地の状況は千差万別であり、被災地の状況はこうだからと決めてかかると判断を誤ることになる。現場に積極的に出向くことはもちろん、現場に携わる人たちからの情報収集を怠りなく行い、各地の状況にあった対策を講じていくことが求められる。

## ⑦何が目的か見失わないように

災害時の対応は、ともすると猪突猛進的になりがちである。用地が必要だとなればどこでもいいから確保する、建設を急ぐとなればひたすら建て続ける。いつの間にか、被災者の声が届かなくなってしまうおそれがある。その結果、阪神・淡路大震災では、仮設住宅を建設したはいいものの、被災者が入居しないという事態に陥ってしまった。

仮設住宅を必要となる戸数完成させることが目的なのではない。被災者に入居してもらい、避難所生活から解放することが目的なのだ。さらに言えば、求められるのは被災者の住宅の確保ではなく、被災者の生活手段の確保である。何が目的なのかをしっかり見極めて、対策を講じていくことが重要だ。

# 3 仮設住宅と被災地のこれから

## ☑被災地の仮設住宅の今後

最後に、被災地における仮設住宅が今後どうなっていくのかを考えてみたい。

被災地に建てられた仮設住宅は約5万3千戸あり、そのうち4万8千戸はまだ被災者が入居中だ。[*10] 被災者の今後の生活の場となる災害公営住宅や高台の整備はまだ緒についたところであるが、今後整備が進んでくれば、徐々にではあるが仮設住宅の空き住戸が増えていくことになるだろう。仮設住宅の空き住戸が半数を占めるほどになってくると、空き住戸の再編が課題になってくるものと考えられる。

まず、最初に考えられるのが、学校の校庭に建てられている仮設住宅を撤去していくことができないかということだ。東日本大震災においては、甚大な被害のため数多くの仮設住宅が学校の校庭敷地に建てられており、生徒の運動、部活動に大きな妨げとなっている。仮設住宅から恒久

＊10　平成25年4月1日現在、厚生労働省調べ

住宅への転居が進み始めたら、まず校庭にある仮設住宅から撤去することが必要になるだろう。そのためには、仮設住宅の空きが半数程度になってきた段階で、校庭以外に建てられた仮設住宅に団地を集約していく必要がある。校庭の仮設住宅団地に入居している被災者には転居してもらわなければならないが、校庭に仮設住宅があること自体が健全な状態ではないためやむを得ない。団地の集約は市町村が行うことになると考えられるが、財政的な負担が市町村に生じないように対策を講じる必要がある。

初期に建てられた仮設住宅はリース契約となっているため、資材の撤去・処分は建設事業者が行うこととなり、円滑な処理が可能だ。一方で買取り契約となっている団地については、設置した県又は市町村が撤去・処分を行わなければならない。廃棄物となる場合は処分費用が生じることとなるため、リサイクルや有効活用方策を検討しなければならない。

学校の校庭を空けた後は、借地契約の更新の難しい民有地の仮設住宅を空けていくことになると想定される。被災地においては土地が不足している状況であり、仮設住宅団地として使われた民有地が、住宅地等に開発されるのであれば、民有地の借地を更新せず土地利用を促していくこともやむを得ないだろう。

こうして、仮設住宅団地は、校庭以外の公有地と、引き続き借地契約の更新が可能な民有地に集約されていくこととなる。

※

一方で、復興のまちづくりは長期化することが懸念されている。各市町村の復興まちづくり計画は5年以上に及ぶものもある。仮設住宅はあくまで仮の住まいであり、5年以上という長期間

＊11 高橋和夫・中村百合・清水幸徳「雲仙普賢岳の火山災害における応急仮設住宅の建設の経過と住環境管理」『土木学会論文集 №604／Ⅳ－41』85～98ページ、1998年10月

に渡って被災者が入居することを想定して作られたものではない。仮設住宅における入居期間が長期化する場合には、住戸の狭さなど、仮設住宅に対する不満を少しでも解消するべく、改善を行うことが必要になるものと考えられる。

狭さを解決するための方策として考えられるのが、2つの住戸をつなぐ改修工事だ。住戸間の壁に穴を開け、通り抜けができるようにすれば、30㎡の住戸2つで60㎡の住戸とすることが可能となる。

中長期的に仮設住宅を活用するならば、合わせて基礎を設置し、建築基準法の建築基準を満たすものに改修できるとよいだろう。使わなければ撤去・処分するよりない仮設住宅の有効活用策ともなり、一石二鳥の対策となる。

仮設住宅の改善工事を行って本設住宅とした事例が長崎県にある。長崎県の雲仙岳噴火の際に建てられた木造仮設住宅では、被災者が持ち家を確保するまでの間、継続して居住するための住宅に実際に転用されている。長崎県が建設した仮設住宅82棟170戸について、1棟2戸あるいは3戸を1戸に改造して、82棟82戸の4DKの単独住宅にするもので、改造費1棟約3百万円は事業主体の長崎県単独で負担した。竣工後は島原市及び深江町に無償で譲渡され、市町営住宅として管理されている。[*11] 長崎県島原市の稗田第2団地では、1住戸30㎡の床面積を60㎡に、陸屋根を勾配屋根に、台所と供用していた玄関を独立させるなどの改善を行い、中期的な使用に耐えられるよう改善を行っている（表4・6、図4・5）。また、このほかにも、仮設住宅の有効利用と入居期限の長期化を背景とした居住環境の改善要望に対応するため、仮設住宅の間仕切り撤去による1世

表4･6　稗田第2団地の概要

| | |
|---|---|
| 所在地 | 長崎県島原市 |
| 経緯 | 平成3年　長崎県が木造応急仮設住宅を建設（9棟18戸）<br>平成6年2月　長崎県が木造応急仮設住宅を恒久住宅として改造することを公表<br>平成6年11月～平成7年2月　長崎県が仮設住宅を改造し、島原市に譲渡（9戸）<br>平成7年～　市の単独住宅として供用<br>平成11年度　解体 |
| 構造階数 | 木造1階建て |
| 特徴 | ・長崎県が工事を行った後、市に無償譲渡して市の単独住宅として管理。<br>・当該住宅は、応急仮設住宅建設当初より恒久住宅として使う可能性があったため、布基礎で施工されており、転用に際して単体規定は問題なかったが、接道要件を満たしていなかったため、建築基準法第86条第1項の一団地認定を受けた。 |

（出典：長崎県資料）

帯1棟利用（間取りは4K）が導入された。

東日本大震災で建てられた仮設住宅についてもこのような改善を行っていくことが考えられる。ただし、多くの仮設住宅の基礎は木杭であり、基礎の強化が必要となる。基礎の設置には相当な費用と手間がかかるため、国費負担となるよう協議するなど、調整が必要になってくるものと思われる。仮設住宅の退去時期がはっきりしていれば、建築基準法を満たすための大規模な改善ではなく、住戸間をつなげる改修を行う程度の小規模な改善にとどめるのも一つの方策だ。ただし、この場合はあくまで仮設建築物として使い続けるということになる。入居期間が中長期に及ぶことから、仮設住宅の設置基準で定められている標準住戸規模や応急仮設住宅の用途の取扱いについて、柔軟な対応が必要なものと考えられる。

このように、仮設住宅は今後、早期に撤去するもの、しばらく使い続けるがいずれ撤去するもの、中長期的に使い続けるものの3つの選択肢に振り分けていく必要が出てくるだろう。仮設の設置物とはいえ、住宅が不足している被災地にとっては重要な資源となりうる。安易に

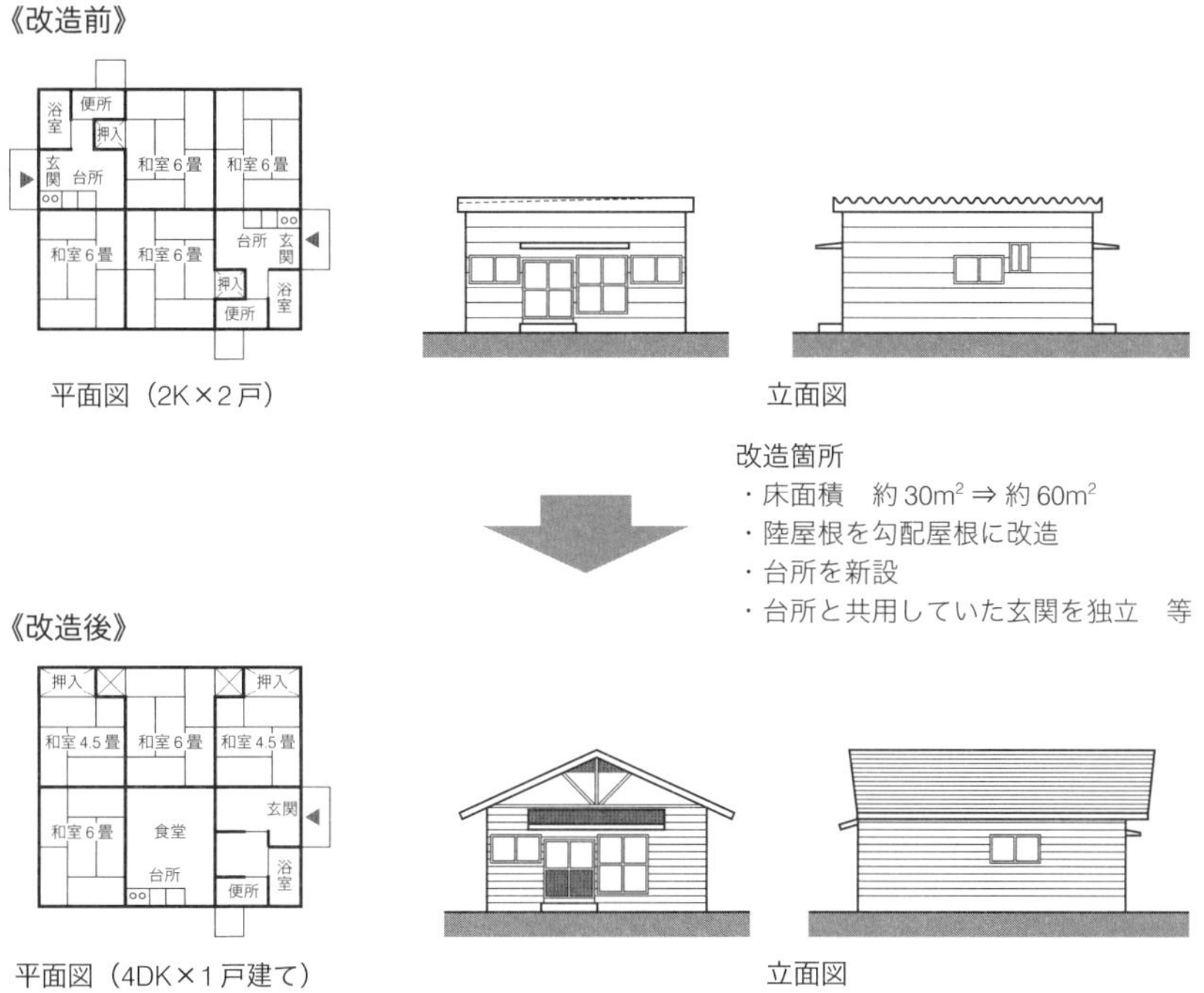


図4･5　応急仮設住宅から本設住宅への転用事例（稗田第2団地）（出典：長崎県資料）

使い捨てにすることなく、復興まちづくりと連動して、有効な活用方策を検討していくことが求められる。

また、用を終えた仮設住宅については撤去を行っていくこととなるが、できる限り資材の有効利用を図りたい。阪神・淡路大震災後においては、中国、フィリピン、インドネシア、トルコ等の世界各国に、仮設住宅資材が提供された。[*12] これらは再利用の希望を公募で募ったほか、世界で相次いだ地震災害による被災地支援などのために活用されたものであった。今回の震災でも今後このような活用が可能かどうか検討することが必要になるだろう。

## ☑復興に向けて

被災地においては、今後県や市町村によって被災者のための公営住宅である災害公営住宅の建設が行われる。また、高台やかさ上げ市街地の整備も進められる。仮設住宅に入居する被災者は今後これらの整備によって、恒久的な住宅へと転居し、ようやく腰を落ち着けられるようになる。

仮設住宅での不自由な生活を強いられている被災者の生活再建のステップアップのため、恒久的な住まいの確保は極めて重要な課題だ。災害公営住宅の建設や高台の整備等を急ぎたいが、被災した市町村のマンパワーは限られている。被災市町村における採用や応援職員の派遣で人員増強を行うことはもちろん必要であるが、民間でできることは民間に委ね、スピードアップすることも求められる。例えば、釜石市においては、災害公営住宅の設計から建設までを民間に委ねる買取り方式で建設を進めている。このような取組が広がっていけば、被災地における復興は加速

＊12　畑喜春「第9章　応急仮設住宅」『翔べフェニックス—創造的復興への群像』㈶阪神・淡路大震災記念協会、2005年、及び兵庫県『阪神・淡路大震災に係る応急仮設住宅の記録』2000年3月

していくだろう。

※

一方で、住宅再建を急ぐことはもちろんのこと、それが被災者にとっての真の生活再建につながるよう、ハード・ソフト両面による支援を行っていきたい。

被災者の年齢構成を見ると、その多くが高齢者世帯となっている。高齢者や障がい者等の方々が安心して生活できるバリアフリー仕様の住宅の普及が必要だ。さらに、省エネ性能や耐震性を確保し、将来に渡って活用される住宅ストックとなるよう誘導していく必要があるだろう。

また、仮設住宅への入居と同様に、できる限り被災者を孤立させない配慮が求められる。グループ単位での公営住宅への入居申込みを可能とするなどの対策でコミュニティの維持を図っていきたい。仮設住宅団地における支援員やサポートセンターによる見守りなどの支援は、被災者が公営住宅等へ転居した後も継続して何らかの形で行われるようにしていく必要があるだろう。福祉部局と連携し、ソフト面における環境整備を促進することが求められる。

## ☑災害公営か自宅再建か

被災者にとっての恒久的な住まいは、自宅を再建するか、災害公営住宅に入居するかの大きく2つに分かれる。災害公営住宅は、県又は市町村が建設を行い被災者に提供するものであり、被災者は建設費用を負担しなくて済む代わりに家賃を支払

買取り方式で建てられた釜石市の災害公営住宅

う必要がある。一方で、新たに自宅再建を行う場合には、住宅建設のための自己資金が必要となる。それぞれ、職を失い、あるいは住宅ローンを抱えたままの被災者にとっては大きな負担だ。恒久的な住まいへの移転のためにも、まず被災者が望めば働くことのできる、「なりわい」の再生が求められる。

「なりわい」の再生により雇用が生まれ、収入が増え、自宅再建が可能となる世帯が増えることが健全な地域社会の形成のためには重要だ。また、自宅再建を目指す被災者にとって、少しでも後押しとなるよう再建の支援を行う必要がある。

住宅再建のための支援策としては、平成13年の鳥取県西部地震の際に創設された被災者生活支援金制度により、最大で3百万円が住宅再建の際の支援金として支給される。しかし、今回の震災では津波被害を受けた同じ土地に住宅を建設することはできず、新たな住宅地の確保が必要になるため、より手厚い支援が必要と考えられる。

このため、各県及び市町村においては、住宅ローンに対する利子補給、住宅再建に対する直接の補助や移転費の補助など、それぞれ独自の支援策を講じている。各県や市町村の支援策は、結果として災害公営住宅の建設戸数を減らす効果を持つものであり、国としても各県や市町村の支援策が財政上大きな負担とならないよう支援を行っていく必要があるだろう。

大槌町の災害公営住宅建設の様子

## ☑高台か現地復興か

被災者にとってのもう一つの選択肢として、高台に移るか、現地復興かという判断をしなければならない場合がある。低地が壊滅的な被害を受けて住宅の再建ができない災害危険区域に指定された場合には、高台に移転するより選択肢がないが、防潮堤を整備すれば一定の安全性が確保できる場合には、現地で再建することも可能となる。

それでも、低地に居を構えることは、津波の被害にあった被災者にとって覚悟のいることである。防潮堤を信用されるに足る造りにすることはもちろんであるが、それだけでは被災者の不安をぬぐうには十分とは言えないだろう。万が一の場合にも備えた安全確保策として避難路や避難拠点となる施設の整備を図っていくことが肝要である。

高台移転は、津波に対する安全性は盤石であるが、新たな市街地を整備することとなるため、生活利便性の確保が不安材料となる。バスも通らないような新市街地を造るのでは、高齢者に不便を強いることになってしまう。交通アクセスや移動手段の確保を図るほか、新市街地内に生活に必要となる最低限の施設は設けるなど、生活利便性に対する配慮が必要だ。

どちらにしても、被災者のニーズに対応した住宅地の整備を進めていくことが重要な鍵となる。

陸前高田市で進められている高台の整備

## ☑住宅だけでない復興を

被災者向けの恒久的な「住まい」の確保は、喫緊の課題であるが、住まいを確保するだけでは適切でないことは、仮設住宅建設のときと同様だ。目的はやはり、被災者の住宅再建ではなく、生活再建なのである。

被災者の生活再建のためには、住宅だけでない復興が必要不可欠だ。住宅の復興と合わせて、被災者の生活再建が進むこととなるよう、働く場の確保をしていくことが重要になる。また、恒久的な住まいにおいて良好なコミュニティが形成されるようソフト面での支援策を充実していくことが求められる。

例えば、災害公営住宅には、高齢者向けの支援施設や子育て支援施設など、生活を支える施設を一体的に整備できるとよい。新市街地を整備する場合には、地域の核となるコミュニティ施設や診療所の誘致など健康づくりにも配慮したまちづくりを進めていきたい。

被災市町村においては、人口の減少と震災の影響による地域経済の停滞が深刻な問題となっている。被災地においてこれから進められる復興まちづくりが、被災者にとっての希望となり、生活再建の足掛かりとなるよう複合的な対策を進めることにより、活気あるまちへの再生を図っていくことが求められる。

コラム

## 仮設住宅に居住してみて

『実証・仮設住宅』。この本の原稿を実は今、仮設住宅において修正している。筆者は震災１年後の平成24年４月に岩手県から国土交通省本省に異動になったのだが、その後平成25年４月に岩手県大槌町に赴任することになったのだ。

大槌町と言えば、前述のとおり市街地が壊滅的な被害を受けた町である。田舎の町であり、賃貸住宅など、ほとんどない。復興に向けて全国から多くの応援職員が派遣されているが、彼らの多くは仮設住宅に暮らしている。

筆者もその例にたがわず、岩手県が建設した仮設住宅に入居することになった。大槌町に着任すると聞いた時から予想していたこととは言え、まさか『実証・仮設住宅』を書いている人間が仮設住宅に入居することになるとは。不思議な巡り合わせである。

平成25年４月１日、いよいよ自分が住むこととなる仮設住宅の鍵を開けて住戸に入った。暗くて鍵の位置がよく分からない。しかも鍵を開けるには鍵穴を押して回し、引いて戻す、という手順が必要でちょっとしたコツが要る。「鍵が開けづらい」という被災者の苦情が頭をよぎった。

入ってみての第一の感想は「寒い」ということだった。特に床が冷たい。真冬でもないのに、歩くと床の冷たさで足が痛くなる。体育館を歩いているかのようだ。室内には鉄骨が露出し、触ると冷たさが身に染みる。４月でこれだから、真冬だったら如何ほどのことか。周辺の派遣職員からは「真冬はトイレの水が凍る」という話も聞いた。

一方で、さすが仮設住宅、と思ったところもある。各部屋には照明があらかじめ備え付けられ、カーテン、コンロとも設置済みだ。そう言えばカーテンは心ある企業から仮設住宅向けに寄付を受け、設置したのであった。良質なカーテンで遮光性もある。これは有難い。

トイレはサイホン式で排水され、洗濯機の水栓はオートストッパー付き。給湯は温度調節機能付き。コンセントも多く、台所には計４つも設置されている。機能的にはよく揃っている。仮設住宅のハード面での大きな課題は、ほぼ「寒さ」に尽きると言っていいだろう。特に床の断熱はもっと徹底していいのではないかと考えられる。

一方、入居してみると、そのほかにも細かなところが気になるものである。

まず、居室の入り口がアコーディオンカーテンであるところ。それ自体は仕方ないのだが、下部に５㎝ほどのすき間があり、部

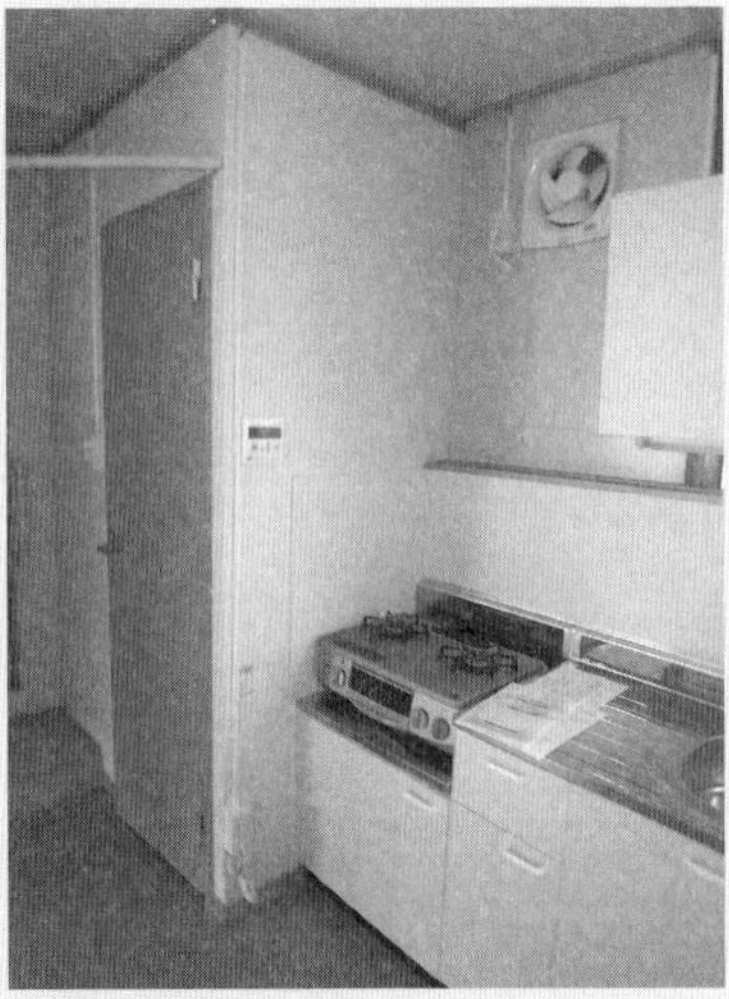

筆者が入居した仮設住宅

給湯は温度調節機能付き

屋の暖房をしてもここから冷気が入ってくる。アコーディオンのすき間はもう少し小さくしてもらいたいところだ。

次に壁の色。なんで灰色なのか。この色がアイボリーになっているだけで、だいぶ気分が違うと思うのだが。事務所であればこの色でも問題ないのだが、住宅なのだから居室側の壁の色について配慮があってもいいように思う。窓は腰高窓。壁の色と相まって、居室はかなり閉塞感がただよう。これが掃出しの窓だったら随分違うことだろう。

そのほか気になったことを列挙すると、以下のとおり。

・台所の換気はただの換気扇だが、できればレンジフードが欲しい。

・屋根裏換気扇の音が気になる。静音タイプのものがあるとよかったのだが。

・エアコンが居室2室のうち1台しかない。居室間の間仕切りが一部引き戸になっていると、両居室を一度に冷暖房できるのだが。

・玄関のたたきの仕上げが台所の床と同じ。靴を脱ぐ場としては違和感がある。ついでに言うと下駄箱がない。

浴室側に取っ手があるトイレのドア

アコーディオンカーテンのすき間に毛布を置いたところ

さらに細かくなるが、自分なりに気になったのは以下の点。
・浴室のシャワーの取り付け器具が風呂釜側についているが、洗い場側の方がいいように思う。
・台所の収納が片開きだが、観音開きの方が便利。
・ポストが小さい。もう少し大きなものの方が便利。
・トイレのドアの取っ手が浴室側にあるのだが、反対側についていれば、２人以上の世帯の場合、浴室使用時もトイレに入りやすいのではないか。

それでも、住めば都かなあとも思う。床にはカーペットを敷き、シャワーは洗い場側にも掛けられるようにし、居室の入り口には毛布を丸めて置いてすき間対策をした。住まいの工夫でだいぶ居住性は良くなってきた。鉄板屋根だから雨音がうるさいかと思ったが、意外と静か。自分の居住地は沿岸から６㎞ほども離れた片田舎だが携帯はもちろんちゃんとつながるし、光回線も引くことができる。空気がきれいで、夜は満天の星空だ。東北の寒さゆえであろうか、こちらに来てからは湯船につかると「はあ、いい湯だなあ」という言葉が出るようになった。

大槌町でいつまで働くことになるのか分からないが、その間は仮設住宅で生活することになるだろう。仮設住宅に暮らしながら、仮設住宅の今後を見守っていくこととしたい。

## 終章
# 災害救助法について思う

「応急仮設住宅」。東日本大震災後に被災者の住宅を確保するための対策として極めて重要な課題となり、「5月末までに3万戸」「お盆の頃までに入居」といった目標が掲げられ、社会的にも大きな関心事となった。

ところが、法律を見てみると実は応急仮設住宅については、災害救助法に以下のとおり記されているだけである。

**●災害救助法（抜粋）**

| | |
|---|---|
| 第二十三条　救助の種類は、次のとおりとする。 | （平成25年法改正後） |
| 一　収容施設（応急仮設住宅を含む。）の供与 | 一　避難所及び応急仮設住宅の供与 |
| 二号〜十号（略） | 二号〜十号（略） |

ちなみに、二号以下は、食品の給与及び飲料水の供給、被服、寝具等の給与又は貸与、医療及び助産、被災者の救出、埋葬等となっている。「応急仮設住宅」はこれらの災害救助と同列で、法律にはたった一言しかない（平成25年の法改正後も同様）。

決して悪いことではないかもしれない。法律でほとんど何も決められていないということは、自由がきくということでもある。いつ、どこに、どれだけ建てるか、面積や仕様、入居対象者、費用に至るまで、すべて「運用」だ。厚生労働省において告示や事務取扱要領が定められているがあくまで基準である。「費用は、238万7千円以内とすること」（震災当時の費用基準）とされていたが、実際のところは6百万円を超える費用がかかっている。

しかし、被災者向けに提供する「住宅」が、他の救助と同列でいいのだろうか。法律の適用関係については「食品」と全く同じ扱いなのだ。災害救助法は「応急的に、必要な救助を行い、被災者の保護と社会の秩序の保全を図る」ことを目的としている。「応急的に」というのは、分かりやすく言えば「急場しのぎ」ということだ。

人が生活するために必要となるのが「衣食住」であり、災害救助法では被災者にとってこれらが満たされることとなるような措置をとることとされているわけだが、「衣食」に比べて「住」は圧倒的に費用がかかる。「住」は土地に定着する不動産であり、時間間隔も全く異なる性質のものだ。「応急」の仮設住宅であるがゆえに建てられる住宅はあくまで仮のものとなり、建築基準法の規定を満たさなくてよい代わりに、仮設なのだから設置期間は原則2年3か月までしか認められないという扱いとなる。

地震による災害で、市街地の一部が被災した程度のものであれば、震災後に被災した建物を除却すれば新たな建物を建てることができ、仮設の約2年という期間に災害公営住宅の整備や自宅の再建を進めることは可能かもしれない。しかし、今回は津波や原発による災害だ。被災者は当分の間同じ場所に住まいを構えることを許されない。恒久的な住まいを確保するには高台や新たな市街地の整備など復興まちづくりの完成や除染の進行を待たなければならず、災害公営住宅の建設も用地不足の影響で遅れている。

東日本大震災は日本における戦後最大の災害である。未曾有の災害と言われる事態にも、被災者に対してとにかく一日も早く当面の住宅を提供するには、既存の法律に基づいてとにかく仮設住宅を建てていくよりなかったが、「急場しのぎ」のものであることによる弊害が、完成後の被災者からの数多くの苦情や、冬場の凍結などといった事象で現れることとなった。

仮設住宅への入居は原則2年で、その後は災害公営住宅か自宅の再建で恒久的な住まいへ、というのが仮設から本設の住宅への流れとされているが、今回の震災では、このバトンタッチに5年以上かかる復興計画が作られているのが実情だ。被災した土地の区画整理事業や高台に移転する土地を確保する防災集団移転事業は、用地の取得や造成などにどうしても時間がかかる。これらの復興まちづくりによって再建のための土地が確保される被災者にとっては、自宅を再建するまでの間、原則2年の仮設住宅で長期間の仮暮らしを強いられることになる。しかし、5年以上に及ぶ復興まちづくりとの空白期間を埋めるための方策やビジョンは練られていない。

復興まちづくりに5年以上かかることがどうしようもないのであれば、仮の住まいの期間は5年以上としなければならない。バトンタッチの第2走者のスタート地点が遠くなるなら、第1走者の走る距離を長くするよりない。しかし、5年以上という期間は「応急」と呼ぶにはあまりに長い。災害時における緊急救助を目的とする法律で未曾有の災害における「住」を扱うこと自体、無理があるように思われる。

仮の住まいの期間が5年以上となるならば、その期間における被災者に対するハード・ソフト両面での支援策を、災害救助法とは切り離して体系的に整備する必要があるのではないだろうか。先の見えないことに対する被災者の不安を、早急に拭わなければならない。

また、今後の大震災に備え、災害救助法で「住」を扱うことの是非を議論すべきではないかと考えられる。今後災害救助法を見直す場合には、「衣食」と同列に一言しか書かれていない「住」の扱いを考え直すことも必要ではないかと思われる。

市街地の一部が被災した場合であれば、住宅だけを建てる「急場しのぎ」で足りるかもしれないが、市街地が壊滅するような災害では住宅だけを建てるのでは生活再建にならない。買い物できる店も子供が遊べる公園も失われているのに、住宅だけ建てるのでは、これまでの災害救助法の文言どおりまさに「収容施設」である。

住宅のみに特化してしまった仮設住宅団地は、住宅そのものの機能は徐々に改善されてきているが、生活機能という面から見れば、残念なことに戦前に建てられた同潤会仮住宅より退化してしまっている。仮設住宅団地の中で、被災者が商売を再開することは現行制度では認められないが、何か手立てはないものだろうか。被災者の生活に目を向け、「急場しのぎの住宅」ではなく、「いったん腰を据えて生活できるまち」を作っていくことが必要だ。

テレビも洗濯機も冷蔵庫も、お風呂や便所も、様々なものがハイテクになり目に見える技術は進歩しているが、真の豊かさを実現させるための課題は別のところにある。被災者の生活を豊かにするためには、目に見えない制度づくりやコミュニティのデザインをするための技術が必要である。

21世紀においては、これらの目に見えない技術を進化させていかなければならない。

# 資　料

資料1　東日本大震災発生から5か月間の応急仮設住宅関連の動き（時系列表）

| 年月日 | 国の動き | 被災県の主な動き | 岩手県の動き |
|---|---|---|---|
| 平成23年3月11日 | 震災発生、国土交通省災害対策本部設置 | | 岩手県内全域停電、県庁は非常用電源及び電源車で対応 |
| 3月12日 | 岩手県、宮城県、福島県の3県に対し、建設用地の確保要請及び建設支援のため国土交通省職員を派遣開始（～7月15日まで） | | 県庁の停電が復旧<br>21:00時点避難者数45,409人<br>プレ協に建設の準備を指示 |
| 3月13日 | | | 災害に伴う緊急通行路が指定される（指定区間は緊急指定車両のみ通行可） |
| 3月14日 | 大畠国交相が、住宅生産団体連合会の会長と面会。「概ね2か月で少なくとも約3万戸程度が供給できるよう」大臣から要請 | 岩手県が8,800戸、宮城県が10,000戸、福島県が14,000戸要請、計32,800戸 | プレ協岩手県担当業者と協議、早急な体制整備を要請 |
| 3月16日 | | | 仮設住宅建設用地の現地調査開始 |
| 3月17日 | 住宅関連資材対策会議を開催 | 被災県の要請に基づきUR、地方自治体職員派遣開始 | 県予算の専決処分（応急仮設住宅設置に要する経費について債務負担行為を設定） |
| 3月18日 | | | プレ協岩手県現地本部の設置 |
| 3月19日 | | | 陸前高田市内仮設住宅第1弾（36戸）着工 |
| 3月22日 | | | 住田町が独自で仮設住宅建設開始 |
| 3月24日 | 住宅建設資材に係る需給状況の緊急調査開始 | 東北道、常磐道の交通規制が全面解除 | |
| 3月25日 | | | 「可能な限り現地復興を」知事会見 |
| 3月26日 | 「輸入仮設住宅を活用へ、国交省が方針」（読売） | | |
| 3月30日 | | | 釜石市内の民有地で仮設住宅着工 |
| 3月31日 | | 岩手県が必要戸数18,000戸に変更、計42,290戸 | |
| 4月1日 | | | 陸前高田市内仮設住宅第1弾（36戸）完成<br>住まいのホットライン開設 |
| 4月5日 | 国交相より、その後の3ヶ月で3万戸程度の供給が行えるよう、住宅生産団体連合会に要請<br>住宅建設資材に係る需給状況の緊急調査結果公表 | | 県庁職場の24時間体制解除 |
| 4月6日 | | | 住田町において仮設住宅の入居者募集開始 |
| 4月7日 | 大規模な余震 | | |
| 4月8日 | | | 「全仮設住宅完成9月めど、県方針、県内建設事業者公募へ」（岩手日報） |
| 4月9日 | 「仮設住宅まず7万戸、政権方針」（朝日） | | 陸前高田市内仮設住宅第1弾入居開始 |
| 4月10日 | 「仮設住宅5000億円、1次補正予算骨格」（読売） | | |
| 4月11日 | | 福島県応急仮設住宅建設候補事業者公募開始（4月18日まで） | |
| 4月14日 | | 福島県が必要戸数24,000戸に変更、計72,290戸 | |

| 年月日 | 国の動き | 被災県の主な動き | 岩手県の動き |
|---|---|---|---|
| 4月15日 | 輸入住宅資材を用いた応急仮設住宅供給事業者の提案に係る事前整理の受付（4月25日まで）<br>厚生労働省「土地の借料も災害救助法の対象となる」旨通知 | | 「仮設住宅完成『遅すぎる』県議会の震災会議、県の9月方針批判」（岩手日報） |
| 4月17日 | | | 「仮設住宅建設加速へ、県、週2,000戸に倍増、全戸完成7月末目指す」（岩手日報） |
| 4月18日 | 大畠国交相「私の責任として5月末までに3万戸を完成」参予算委答弁 | 岩手県応急仮設住宅建設候補事業者公募開始（5月2日まで） | |
| 4月19日 | | 宮城県応急仮設住宅建設候補事業者公募開始（4月28日まで） | |
| 4月22日 | | 福島県応急仮設住宅建設候補事業者公募結果記者発表 | |
| 4月26日 | 総理「お盆の頃までに全員入居」衆予算委答弁 | | |
| 4月27日 | | | 県平成23年度第一次補正予算成立（仮設住宅1万8千戸分、約1,000億円） |
| 4月30日 | 厚生労働省「民間賃貸住宅の借上げについて、既契約でも県名義に置き換えた場合災害救助法の対象となる」旨通知 | | |
| 5月2日 | 平成23年度第一次補正予算成立（応急仮設住宅の設置に係る予算措置を含む） | | 住田町の仮設住宅入居開始 |
| 5月6日 | 厚生労働省「造成費及び原状回復費について災害救助法の対象となる」旨通知 | 岩手県応急仮設住宅建設候補事業者公募結果記者発表 | |
| 5月9日 | 輸入住宅資材を用いた応急仮設住宅供給事業者の提案に係る事前整理の結果公表 | 岩手県が必要戸数14,000戸に変更、計68,305戸 | |
| 5月10日 | | | 「仮設住宅必要戸数、県が修正1万4千戸、完成7月上旬に前倒し」（岩手日報） |
| 5月14日 | 「仮設住宅需要1万戸減、被災3県民間住宅借り上げなどで」（読売） | | |
| 5月17日 | | 福島県が市町村からの要請戸数15,200戸、計59,515戸 | 「ケア重視の仮設住宅、釜石市設置へ」（読売） |
| 5月18日 | 住宅建設資材に係る需給状況の緊急調査結果（第2回）公表 | | |
| 5月19日 | | 宮城県が必要戸数23,000戸に変更、計52,515戸 | 遠野市部長が来庁、仮設住宅建設計画について協議 |
| 5月24日 | | | 遠野市において仮設住宅建設予算の専決処分 |
| 5月31日 | 「仮設3万戸届かず、国交相、今月末の目標」（朝日）<br>「仮設用資材、在庫圧縮急ぐ、国の目標2万戸減で余剰」（日経） | | |
| 6月1日 | | | 遠野市の仮設住宅建設工事開始 |
| 6月6日 | | | 「岩手県、仮設用地確保にめど、1万4千戸7月中完成へ」（NHK） |

資料１（続き）

| 年月日 | 国の動き | 被災県の主な動き | 岩手県の動き |
|---|---|---|---|
| 6月8日 | | | 「厳しい冬備え仮設に断熱材、県7千戸対象、二重窓も設置へ」（朝日）<br>県6月補正予算成立（遊具等設置費を予算措置） |
| 6月11日 | | | 「仮設住宅入居6割、キャンセル多発も」（毎日） |
| 6月14日 | | 福島県が市町村からの要請戸数14,000戸、計51,315戸（その後も多少の変動があるが、計5万戸強程度で推移） | |
| 6月17日 | | | 「仮設改良玄関向かい合わせ、県、住民同士の交流狙い」（朝日） |
| 6月20日 | 復興基本法が成立 | | 仮設住宅の完成時期の遅れについて記者発表<br>「仮設不具合で苦情200件超、県、対応へ月内にも拠点」（岩手日報）<br>応急仮設住宅保守管理センターを設置 |
| 6月21日 | 厚生労働省「応急仮設住宅のバリアフリー化、断熱、畳・建具の後付け、日よけ、風除室の設置等について、国庫負担対象となる」旨通知 | | |
| 6月25日 | 政府復興構想会議が提言をとりまとめ | | |
| 7月9日 | | | 大槌町に高齢者等サポート拠点及びグループホーム型仮設住宅が完成 |
| 7月11日 | | | 遠野市の仮設住宅建設工事完了 |
| 7月16日 | | | 遠野市の仮設住宅入居開始 |
| 7月20日 | | | 「山田町に仮設150戸追加、県、全戸完成お盆前後に」（岩手日報） |
| 7月23日 | 「仮設『お盆まで』困難、首相、見通しの甘さ陳謝」（読売） | | |
| 8月9日 | | | 「仮設改善に73億円、県、305億円の補正予算案」（岩手日報） |
| 8月11日 | | 岩手県で仮設住宅13,984戸すべての建設工事が完了 | 県災害対策本部廃止<br>「釜石、宮古の避難所閉鎖、住民、新生活へ一歩」（岩手日報） |
| 8月12日 | 厚生労働省「空き住戸については、集会、多人数世帯の複数戸利用、物資保管場所、ボランティアの拠点等適切な活用を図るよう」通知 | | |
| 8月15日 | 国交省が応急仮設住宅の完成、入居見通しを発表。お盆までの全員入居達成できず | | |
| 8月16日 | 「仮設住宅1割弱未完成、国交省まとめ、敷地選定など遅れ」（日経） | | |
| 9月1日 | | | 「県内の避難所全て閉鎖」（岩手日報） |

（出典：国土交通省資料及び岩手県資料をもとに作成）

## 資料2　応急仮設住宅着工・完成状況（平成25年4月1日現在）

| 県名 | 市町村名 | 合計 | |
|---|---|---|---|
| | | 地区数 | 戸数 |
| 岩手県【必要戸数：13,984戸】 | 陸前高田市 | 53地区 | 2,168戸 |
| | 釜石市 | 50地区 | 3,164戸 |
| | 大船渡市 | 39地区 | 1,811戸 |
| | 宮古市 | 62地区 | 2,010戸 |
| | 久慈市 | 2地区 | 15戸 |
| | 遠野市 | 1地区 | 40戸 |
| | 大槌町《おおつちちょう》 | 48地区 | 2,146戸 |
| | 山田町《やまだまち》 | 49地区 | 1,990戸 |
| | 岩泉町 | 3地区 | 143戸 |
| | 洋野町《ひろのちょう》 | 1地区 | 5戸 |
| | 田野畑村 | 3地区 | 186戸 |
| | 野田村 | 5地区 | 213戸 |
| | 住田町 | 3地区 | 93戸 |
| | 計 | 319地区 | 13,984戸 |
| 宮城県【必要戸数：22,095戸】 | 仙台市 | 19地区 | 1,523戸 |
| | 石巻市 | 131地区 | 7,297戸 |
| | 塩竈市《しおがまし》 | 7地区 | 206戸 |
| | 気仙沼市 | 93地区 | 3,504戸 |
| | 名取市 | 8地区 | 910戸 |
| | 多賀城市《たがじょうし》 | 6地区 | 373戸 |
| | 岩沼市 | 3地区 | 384戸 |
| | 東松島市 | 25地区 | 1,753戸 |
| | 亘理郡《わたりぐん》亘理町 | 5地区 | 1,126戸 |
| | 亘理郡山元町《やまもとちょう》 | 11地区 | 1,030戸 |
| | 宮城郡七ヶ浜町《しちがはままち》 | 7地区 | 421戸 |
| | 牡鹿郡女川町《おしかぐんおながわちょう》 | 30地区 | 1,294戸 |
| | 黒川郡大郷町《おおさとちょう》 | 1地区 | 15戸 |
| | 遠田郡美里町《とおだぐんみさとまち》 | 2地区 | 64戸 |
| | 本吉郡《もとよしぐん》南三陸町 | 58地区 | 2,195戸 |
| | 計 | 406地区 | 22,095戸 |

| 県名 | 市町村名 | 合計 | |
|---|---|---|---|
| | | 地区数 | 戸数 |
| 福島県【必要戸数：17,233戸】 | 福島市 | 14地区 | 1,382戸 |
| | 二本松市 | 11地区 | 1,069戸 |
| | 伊達市 | 1地区 | 126戸 |
| | 本宮市 | 7地区 | 475戸（▲54戸） |
| | 伊達郡国見町《くにみまち》 | 4地区 | 100戸 |
| | 伊達郡桑折町《こおりまち》 | 1地区 | 300戸 |
| | 川俣町《かわまたまち》 | 4地区 | 230戸 |
| | 大玉村《おおたまむら》 | 1地区 | 648戸（▲230戸） |
| | 郡山市 | 7地区 | 1,282戸 |
| | 須賀川市《すかがわし》 | 4地区 | 177戸 |
| | 田村市 | 5地区 | 410戸 |
| | 鏡石町《かがみいしまち》 | 4地区 | 100戸 |
| | 白河市 | 4地区 | 260戸 |
| | 矢吹町《やぶきまち》 | 3地区 | 85戸 |
| | 西郷村《にしごうむら》 | 1地区 | 42戸 |
| | 会津若松市 | 12地区 | 884戸（▲59戸） |
| | 会津美里町 | 1地区 | 259戸 |
| | 猪苗代町 | 1地区 | 10戸 |
| | 相馬市 | 13地区 | 1,500戸 |
| | 南相馬市 | 28地区 | 2,853戸［188戸］ |
| | 広野町 | 2地区 | 46戸 |
| | 川内村 | 1地区 | 50戸 |
| | 新地町《しんちまち》 | 8地区 | 573戸 |
| | 三春町《みはるまち》 | 15地区 | 770戸 |
| | いわき市 | 36地区 | 3,512戸［140戸］ |
| | 計 | 188地区 | 17,143戸（▲343戸）［328戸］ |
| 茨城県【必要戸数：10戸】 | 北茨城市 | 2地区 | 10戸 |
| | 計 | 2地区 | 10戸 |
| 千葉県【必要戸数：230戸】 | 旭市 | 2地区 | 200戸 |
| | 香取市 | 1地区 | 30戸 |
| | 計 | 3地区 | 230戸 |
| 栃木県【必要戸数：20戸】 | 那須烏山市 | 1地区 | 20戸 |
| | 計 | 1地区 | 20戸 |
| 長野県【必要戸数：55戸】 | 栄村 | 2地区 | 55戸 |
| | 計 | 2地区 | 55戸 |
| 合計【必要戸数：53,627戸】 | | 921地区 | 53,537戸〈▲343戸〉［328戸］ |

注：福島県において、応急仮設住宅の移築が行われる場合には、移築元における移築により撤去する戸数を（　）内書きで記載し、移築が完了した戸数を〈　〉内書きで記載。移築先における着工戸数、完成戸数を［　］内書きで記載している。

（出典：国土交通省ホームページ）

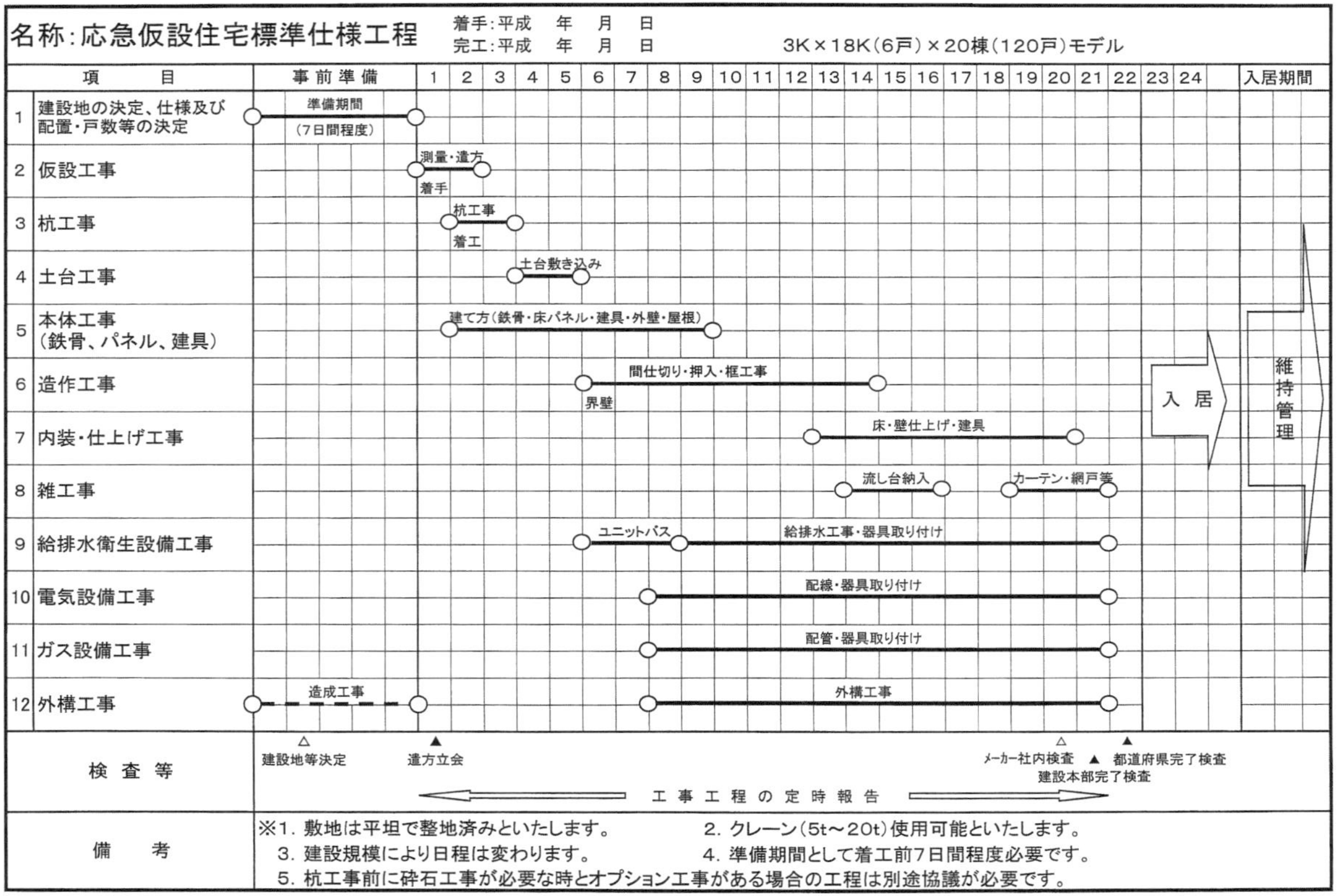
名称：応急仮設住宅標準仕様工程
着手：平成　年　月　日
完工：平成　年　月　日
3K×18K（6戸）×20棟（120戸）モデル
項　目
事前準備
1 2 3 4 5 6 7 8 9 10 11 12 13 14 15 16 17 18 19 20 21 22 23 24
入居期間
1 建設地の決定、仕様及び配置・戸数等の決定
準備期間
（7日間程度）
2 仮設工事
測量・遣方
着手
3 杭工事
杭工事
着工
4 土台工事
土台敷き込み
5 本体工事（鉄骨、パネル、建具）
建て方（鉄骨・床パネル・建具・外壁・屋根）
6 造作工事
間仕切り・押入・框工事
界壁
7 内装・仕上げ工事
床・壁仕上げ・建具
8 雑工事
流し台納入
カーテン・網戸等
9 給排水衛生設備工事
ユニットバス
給排水工事・器具取り付け
10 電気設備工事
配線・器具取り付け
11 ガス設備工事
配管・器具取り付け
12 外構工事
造成工事
外構工事
入　居
維持管理
検　査　等
△ 建設地等決定
▲ 遣方立会
工事工程の定時報告
△ メーカー社内検査
▲ 都道府県完了検査
建設本部完了検査
備　考
※1．敷地は平坦で整地済みといたします。
2．クレーン（5t～20t）使用可能といたします。
3．建設規模により日程は変わります。
4．準備期間として着工前7日間程度必要です。
5．杭工事前に砕石工事が必要な時とオプション工事がある場合の工程は別途協議が必要です。

資料3　応急仮設住宅標準仕様工程（出典：プレハブ建築協会資料）

| 設計概要 | | |
|---|---|---|
| モジュール | 1,800mm～1,840mm（各社モジュールによる） | |
| 構造 | 軽量型鋼ブレース構造 | |
| 基礎 | 木　杭：長さ900mm～1,200mm　@900　末口85mm　幕板：ぬき板　※一部H鋼基礎<br>玄関上り口：木製踏段又は鋼製踏段 | |
| 床組 | 束・大引：木杭　長さ900mm　@900　末口85mm　（ユニットバス下@450）<br>床　：パネル式　合板t＝12 | |
| 屋根 | 折版葺：裏面ペフ　t＝4　貼り | |
| 壁 | 外壁パネル：外　カラー鋼板　断熱材入り<br>内　カラー鋼板　又は　カラー合板<br>間仕切下地：木又は鋼製下地<br>準耐火界壁：木製又は鋼製下地　石膏ボードt＝12.5+化粧石膏ボードt＝9.5（小屋裏まで）<br>世帯間仕切：化粧石膏ボードt＝9.5および12.5二重張り　グラスウール入り（t＝50相当　10kg品同等品）<br>コンロ前：ケイカル板　t＝6 | |
| 天井 | カラー合板パネル式　断熱材グラスウールt＝50相当　（10kg同等品） | |
| 建具 | 引違いアルミサッシ戸　上段：型板ガラスt＝4　下段：腰パネル<br>引違いアルミサッシ窓　透明ガラスt＝3　網戸付<br>内部建具　アコーディオンカーテン（単板式）H＝1740, W＝800　トイレ木製片開きフラッシュ戸 | |
| 板金工事 | 軒樋・縦樋　なし | |
| 設備 | 給排水<br>衛生設備 | 給　水：水道管用硬質塩化ビニル管、ポリブデン管（量水器は別途）<br>流し前水栓は、ワンレバータイプ水栓（サーモタイプ）とする<br>汚水排水：一般用硬質塩化ビニル管（薄肉管）　※放流形式は、地域行政指導に準じる<br>ガ　ス：プロパン又は都市ガス供給で住戸毎の集中配管とし白ガス管・フレキシブル管とする<br>ガス漏れ警報器およびマイコンメーターの設置<br>給湯設備：浴室用16号（プロパンガス又は都市ガス）<br>換気扇：流し前は、プロペラ扇（200mmフード付）トイレ及び浴室は天井埋込型<br>火災報知器：住宅用火災報知器（煙感知式） |
| | 電気設備 | 幹　線：単相3線式100V30A　引込ケーブル6戸毎　CV22～38mm²―3C<br>分電盤：樹脂製屋内露出型（FL＋H1800）<br>照明器具：居室（サークライン32W+30W）台所（FL20W×2）<br>棚元灯（FL15×1）トイレ（1L40W電球型蛍光灯）<br>入り口灯（FL10W×1防水型）<br>コンセント：各居室（2連2ヵ所）<br>台所（2連1ヵ所、冷蔵庫用2連E付1ヵ所、換気扇用各処1ヵ所<br>トイレは暖房便座（オプション）用1口E付1ヵ所<br>外部に防水コンセント2口E付1ヵ所（給湯器・ヒーター用）<br>エアコン用、電子レンジ用、ガス漏れ警報器用コンセント設置<br>スイッチ：各部屋電灯用、入り口灯用<br>ユニットバスおよびトイレ内の照明器具・換気扇は、スイッチを別個設ける<br>TEL：別途工事<br>スリーブ：TEL用20φ・クーラー用75φ各1ヵ所／1戸<br>エアコン：2.2KW（6～8畳用）居室に1ヵ所／1戸<br>TV：居室にテレビ端子1ヵ所／1戸 |
| 外構工事 | 床下 | 水溜り対策：素掘り側溝 |

| 室内仕上表 | | | | | |
|---|---|---|---|---|---|
| | 床 | 巾木 | 壁 | 天井 | 備考 |
| 居室 | CFシートt＝1.8<br>合板t＝4下地 | 木製又は<br>塩ビ製 | （間仕切部）<br>化粧プラスターボードt＝9.5<br>（外壁内側）<br>又はカラー合板、カラー鋼板 | 化粧合板t＝2.5 | カーテン＆レール（ダブル）　防炎タイプ<br>レース・遮光カーテン　防炎タイプ<br>付け鴨居　L2400（各戸に1ヵ所）<br>（H1800　幅60～90程度） |
| 押入 | 同上 | 同上 | 同上 | 同上 | 中段付（天袋無）H800<br>カーテン、カーテンレール |
| 台所 | CFシートt＝1.8<br>合板t＝4下地 | 同上 | （間仕切部）<br>化粧プラスターボードt＝9.5<br>（外壁内側）<br>又はカラー合板、カラー鋼板<br>ライニング：ガスコンロ廻り<br>ケイカル板t＝4 | 同上 | 流し台　L750（6坪タイプ）<br>流し台　L1000又はL1050<br>（9,12坪タイプ）<br>吊戸棚　L600（FL＋1450下端）<br>コンロ台　L600<br>バックガード付2口コンロ（グリル付）<br>ガス栓は1口 |
| 浴室 | U・B（6坪タイプ）　1014<br>U・B（9・12坪タイプ）1116<br>1216 | | 入り口跨ぎ高さは約180mm以上の場合<br>踏み台を設置する<br> | | 手すり　2点セット<br>内部・外部に各1ヵ所<br>（縦型　FL＋H900）<br>浴槽のフタは含む |
| トイレ | CFシートt＝1.8<br>合板t＝4下地 | 木製又は<br>塩ビ製 | （間仕切部）<br>化粧プラスターボードt＝9.5<br>（外壁内側）<br>又はカラー合板、カラー鋼板 | 化粧合板t＝2.5 | 水洗式<br>内部に手すり1ヵ所（横型FL＋H700）<br>便器は洋式・ロータンク防露タイプ<br>紙巻器（FL＋H600）タオル掛（FL＋H1300） |
| 玄関 | 同上 | 同上 | 同上 | 同上 | 床見切り（への字） |
| 備品 | 郵便受　各住戸　1ヵ所設置　物干し（柱取付タイプ　折りたたみ式　F天端からH1600金物芯取付）<br>棟番号　各棟1ヵ所設置（妻側）室名札　各住戸　1ヵ所設置<br>庇　600×1800（メーカー標準仕様）　耐風養生（鋼製ワイヤー・カバー付、4間毎を標準）<br>出入口　手すり設置2ヵ所（内部：横型、外部：縦型） | | | | |
| シック対策 | ※居室に現しの合板類（建具および取付家具含む）は規制対象外ホルムアルヒデド発散建築材料（F☆☆☆☆以上）を使用 | | | | |
| 特別仕様 | ※結露対策<br>※積雪対策<br>※寒さ対策 | ・小屋裏換気扇<br>・屋根補強（母屋@900）<br>・天井裏断熱材（グラスウール100mm相当　10Kg同等品）<br>・床パネル内断熱材（グラスウール50mm相当　10kg同等品）・床ポリエチレンフィルムt＝0.15mm敷き<br>・外壁廻り断熱工事（居室のみ）①外壁ふかしカラー鋼板　断熱材（グラスウール50mm　16kg品相当）<br>②内壁ふかし化粧石膏ボード t=9.5　断熱材（　同上　）<br>・外部建具　窓二重サッシ（居室のみ）<br>・玄関風除室工事（網戸とも）<br>・トイレ暖房便座用コンセント（アース付）<br>・水抜き栓、給水管ヒーター巻<br>・浄化槽凍結防止工事<br>・床下水道管凍結防止工事（幕板シート貼り・強制換気扇、換気口とも） | ・天井目貼りテープ<br>・たたみ設置（要望者のみ）<br>・量水器断熱材工事 | | |
| | ※その他 | ・外部柱カバー取付（一部）<br>・窓（物干し）上庇取付<br>・通路アスファルト舗装<br>・受水槽消火栓口取付（一部）<br>・消火器（1ケ/各戸）<br>・手すり設置（要望者のみ） | ・スロープ（要望者のみ）<br>・ステップ滑り止め<br>・押入すのこ（要望者のみ） | | |

資料4　応急仮設住宅標準仕様書（組立ハウス（岩手県））（出典：プレハブ建築協会資料）

# あとがき

震災以来、仮設住宅建設完了まで、とにかく一刻も早く被災者に仮設住宅を提供しようと被災3県を中心に暇を惜しんで対策に当たった。課題は様々あったにせよ、なんとか完了までたどり着けたのは、国、県、市町村やプレハブ建築協会と会員企業、そして地元工務店等が必死になって取り組んだことによるものである。

被災地のために、全国から応援にかけつけていただき、宿不足のため、建設工事従事者は毎日100㎞の遠距離通勤という方も多かった。それでも、不満の声が聞こえてくるわけでもなく、被災者に住宅を提供するという仕事にやりがいを持って建設に当たっていただいたことは、本当に素晴らしいことと思う。

被災者にとって、仮設住宅に入居できたことはどれだけ安心につながったことかと思うが、一方で現実には、仮設住宅完成後に届く被災者の声は仮設住宅の不具合に関する苦情ばかりであり、必死に取り組んだ職員にとっては気の毒と思うこともあった。

マスコミはどうしても、行政の取組のうち、うまくいっていないところばかりを取り上げるが、真実を伝えるのがマスコミの責務であるのなら、必死にやっている職員や建設工事従事者の姿を取り上げるのも必要なことではなかったかと思う。

震災以来の職員の負担は、本当に並々ならぬものがあった。気が張っているうちはまだよいが、仮設住宅建設を終え、しばらくして体調を崩してしまった職員もいた。被災者の苦情ではなく、喜びの声の方が届けば、少しは心理的負担が和らいだのではないかとも思う。管理者の立場として、職員の負担にもう少し配慮できていれば、と悔やまれる。

一方で、仮設住宅の提供が、十分に被災者の役に立てたのか、改めて検証が必要なように思う。行政としては、仮設住宅を建てることで満足するようではいけない。目的は、建てることではなく、被災者の生活を再建することだからだ。生活利便施設のない仮設住宅団地の問題など、被災者の目線から見直さなければならない課題は多い。

また、被災地の復興はこれからが正念場だ。残念ながら、復興予算の使い道や、国家公務員のネット上の不適切な発言が問題となってしまったが、復興に向けて一番必要なことは、行政が被災者にしっかりと向き合い、被災者の立場に立った対策を講じていくことだ。

本書が発刊されることをきっかけに、一般の方には仮設住宅建設の真実を知っていただき、関係者においては様々な検証がなされるとともに、今後起こりうる大震災への備えと被災地の復興が進展することを願ってやまない。

最後に、本書の発刊に当たって、数多くの学識経験者、国、県及び市町村の関係者、各団体や民間企業の関係者から応援の言葉をいただいた。厚く御礼申し上げて、筆を置くこととしたい。

**大水敏弘**（おおみず・としひろ）
1970年生まれ。大槌町副町長。技術士（建設部門（都市及び地方計画））。
1993年東京大学工学部建築学科卒業後、建設省（現国土交通省）入省。関東地方整備局建政部住宅整備課長、岩手県県土整備部建築住宅課総括課長、国土交通省都市局市街地整備課企画専門官等を歴任。地域振興整備公団在任時に、沖縄市や防府市の市街地再開発事業に携わり、その後水戸市都市計画部長として都市整備を担当するなど、地方都市の市街地整備に長く関わっている。東日本大震災時には、岩手県庁に勤務しており、以降1年間、災害対応の最前線で仮設住宅建設等の業務に当たる。平成24年度の1年間は国土交通省本省で復興事業の担当官となり、平成25年4月から現職。

**実証・仮設住宅**
東日本大震災の現場から

2013年 9月 1日 第1版第1刷発行
2013年10月20日 第1版第2刷発行

著 者……… 大水敏弘
発行者……… 京極迪宏
発行所……… 株式会社 学芸出版社
〒600-8216
京都市下京区木津屋橋通西洞院東入
電話 075-343-0811
http://www.gakugei-pub.jp/
E-mail info@gakugei-pub.jp

装 丁……… KOTO DESIGN Inc. 山本剛史
印 刷………イチダ写真製版
製 本……… 新生製本


ISBN978-4-7615-2556-9 Printed in Japan